KB008538

STB 상생방송 『환단고기』 북 콘서트

제천祭天문화 인류 창세 역사를 열다

The Culture of Celestial Rites: The Foundational History of Humanity

일산편

A Hwandan Gogi Lecture in Ilsan

[한영대역]
STB상생방송 환단고기 북 콘서트 [일산편]
제천祭天문화, 인류 창세 역사를 열다

발행일 2024년 4월 1일 초판 1쇄
저 자 안경전
발행처 상생출판
발행인 안경전
주 소 대전 중구 선화서로 29번길 36(선화동)
전 화 070-8644-3156
F A X 0303-0799-1735
홈페이지 www.sangsaengbooks.co.kr
출판등록 2005년 3월 11일(제175호)
ISBN 979-11-91329-51-3
979-11-91329-11-7 (세트)
Copyright ⓒ 2024 상생출판

가격은 뒷 표지에 있습니다.
이 책에 수록된 글과 사진의 무단 복제 및 전재를 금합니다.

Korean-English Edition

STB 상생방송『환단고기』북 콘서트 일산편

제천祭天문화 인류 창세 역사를 열다

The Culture of Celestial Rites:
The Foundational History of Humanity

안경전 · Ahn Gyeong-jeon | 지음

A Discourse on the Beginning of Human Civilization and Its Future

§ 차 례 §

본서는 2013년 11월 16일 고양시 일산 킨텍스(KINTEX)에서 진행된 증산도 안경전 종도사님의 〈환단고기 북 콘서트〉 현장 강연을 기반으로 자료와 내용을 보강하였습니다.

§ Contents §

This speech was delivered at the Korea International Exhibition Center (KINTEX), Goyang, on November 16, 2013.

【저자에 대하여 | ABOUT THE AUTHOR】

안경전安耕田 종도사는 한민족의 오랜 전통이자 고유신앙인 증산도의 최고 지도자다. 2012년 한민족과 인류의 시원역사와 원형문화를 밝히는 방대한 주해와 해제까지 붙인 『환단고기』 번역·역주본(상생출판, 2012)을 출간하였다.

MASTER AHN GYEONG-JEON, the Jongdosanim, is the head of Jeung San Do. In 2012, after thirty years of dedicated investigation and study, Ahn Gyeong-jeon published a full translated and annotated version of *Hwandan Gogi*, a priceless compilation of historical records that unveils the origin of civilization.

안경전安耕田 종도사

Master Ahn Gyeong-jeon

2013년 11월 16일 (토요일) 고양시 일산킨텍스에서 진행한 〈환단고기 북 콘서트〉 현장

This book is based on a lecture delivered to a Korean audience at a "Conversation with the Author" event at the Ilsan KINTEX, South Korea.

환단고기 Book콘서트
천지광명의 역사를 열다
대한大韓

들어가기

인류 최초의 문화는 무엇일까요? 인류 원형문화는 무엇일까요? 그것은 바로 '제천문화'입니다.

제천은 하늘에 계신 아버지요 온 우주의 주재자이신 상제님께 올리는 성스러운 예식입니다. 이것은 모든 인류문화의 근원이 된 원형문화였습니다. 태곳적 환국시대는 수행을 통해 천지광명의 깨달음을 얻고 대자연과 교감하며 살았던 인류 정신문명의 황금시대였습니다. 한마디로 '일광명一光明을 체험하고 산 시대'였습니다.

〈『환단고기』 북 콘서트〉 일산편은 지구촌 곳곳에 산재된 유물들의 공통된 문화코드를 통해 인류 태고의 숨결을 느끼게 해 줄 것이며, 대한사관의 핵인 삼신 하나님관의 정수를 맛보게 해줄 것입니다.

Preface

What was the first culture of humankind? What was humanity's archetypal culture? It was, in fact, the culture of celestial rites.

Celestial rites were sacred ceremonies performed for Sangjenim, the Father in Heaven and Ruler of the Universe. Such rituals underpinned the archetypal culture that became the foundation of all human cultures. The ancient era of Hwanguk was a golden age—a spiritual civilization of those who lived in communion with nature, having received enlightenment into the radiance of heaven and earth through meditation and rituals. In short, it was the era of living and experiencing cosmic radiance.

The Hwandan Gogi Book Concert: Ilsan Edition will let you feel the breath of ancient humanity through the common cultural codes of relics scattered across the world and let you taste the essence of the philosophy of Samsin God: the core cosmic outlook of Daehansagwan [the "Great Korean historical perspective"].

서론

『환단고기』의 가치와 역사광복의 길

늦가을 소중한 시간에 함께 자리를 해주신 모든 분들에게 깊은 감사의 말씀을 드립니다.

이곳 고양시 일산 킨텍스에서 한민족의 우주관으로 우리의 잃어버린 역사와 문화를 찾는 소중한 시간을 갖게 되었습니다. 가급적이면 『환단고기』 원전을 다 함께 큰 소리로 읽으면서 우리 역사와 문화의 근원을 직접 한마음이 되어 체험하는 시간이 되기를 바랍니다. 오늘 이 자리를 준비해주신 대한사랑 일꾼들에게, 또 참여해주신 모든 분들에게 감사를 드립니다. 멀리 외국에서도 오늘 이 자리에 참여해 주셨는데, 이분들에게 감사의 박수를 주시기 바랍니다.

역사현장에서 체험한 『환단고기』의 결론

지난 30여 년의 세월 속에서 『환단고기』를 제대로 읽고, 느끼고, 그 문화 역사 정신을 체험하면서, 또 지구촌 문명권을 직접 가서 보고 느낀 현장 체험의 결론으로 완역본 『환단고기』가 나오게 되었습니다. 저는 이 『환단고기』의 기록 내용이야말로 한민족은 물론 지구촌의 인류 창세역사와 원형문화를 전하는 유일한 문서라는 확증을 역사의 현장 속에서 진실로 깊이 깊이 느꼈습니다.

Introduction

The Value of Hwandan Gogi and the Path to Historical Restoration

I would like to express my deep gratitude to everyone who has joined me at this precious time in late autumn.

This has been a valuable opportunity here at the Korean International Exhibition Centre in Ilsan, Goyang, to discover our lost history through the cosmic perspective of the Korean people. I particularly hope that it is a time in which we directly experience our historical and cultural foundations collectively, while proudly reading the original text of *Hwandan Gogi* together. Thank you to the staff of the Daehan History and Culture Association, who prepared this event today, and to everyone who participated. Many people have come a long way from abroad to participate in this event today, so please give them a round of applause.

Empirical Conclusions Regarding Hwandan Gogi from Historical Sites

Over the past thirty years, I have read *Hwandan Gogi* and truly felt its cultural and historical spirit, and I have also personally visited sites of civilizations across the world, and by these means, I have brought to pass a complete version of *Hwandan Gogi*. While at these historical sites, I came to honestly and deeply feel that *Hwandan Gogi* is the sole document containing records that convey the foundational history and archetypal culture of the Korean people and of humanity as a whole.

우리 문화와 역사의 참모습을 보려면 한반도를 떠나 중국과 일본, 또는 인도, 중동 지역, 유럽, 그리고 아메리카 대륙 등의 현장을 답사해봐야 합니다. 오늘은 그 현장 체험을 바탕으로 해서 진정한 동방문화의 주인인 한민족의 역사와 문화 정신의 핵심은 무엇인지 살펴보고자 합니다. 원전을 다 함께 소리 내어 읽으면서 체험을 중심으로 해서 살펴보겠습니다. 우리는 한국 사람으로서 같은 겨레이기 때문에 생각과 사상과 종교를 넘어서서 우리의 문화와 역사의 핵심을 전하는 이 소중한 원전 문헌을 읽고 함께 가야 한다고 생각합니다.

오늘 새벽녘에 맑은 가을의 찬 기운을 쏘이면서 이런 생각이 들었습니다. '동북아 역사전쟁이 마침내 강렬하게 불이 붙었다. 그런데 지금 우리는 중국에 우리의 역사를 완전히 다 빼앗겨서 이를 극복하기는 현실적으로 불가능하다'라고 말입니다. 그것을 되찾을 수 있는 방법은 그동안의 역사로 볼 때, 전쟁을 해서 그곳을 점령하고 영토를 되찾는 방법이 있을 수 있겠지만, 오늘의 중국을 물리적으로 제압하는 것은 현실적으로 쉽지 않음을 우리 스스로가 잘 알고 있습니다.

역사광복 어떻게 이룰 것인가: 대한사관

그러면 역사광복은 어떻게 이룰 수 있는 것인가? 지구촌 동서의 문헌 기록을 보면, 우리 한국의 시원 역사에 관한 중국과 일본의 왜곡 문제가 심각합니다. 또 우리 스스로 기록해서 가지고 있는 『삼국사기』와 『삼국유사』 이런 책들조차도 축소, 왜곡, 조작되거나 잘못된 해석으로 일관되어 있습니다.

중국의 경우, 중국 정사正史의 비조라 하는 사마천司馬遷(BCE 145-BCE 86)의 『사기史記』를 보면 우리나라 이름 자체를 안 불러줍니다. 조선이나 그 전의 배달나라에 대해 불과 몇 번 정도 밖에 나오지 않습니다.

To see the true picture of our culture and history, we must leave the Korean Peninsula and explore sites in China and Japan, along with India, the Middle East, Europe, and the American continents. Based on that field experience, today I would like to examine the core historical and cultural spirit of the Korean people, the true proprietors of Eastern culture. This examination will be centered on the experience of reading the original text aloud together. As Koreans, we live together in the same nation, and so I think together we must read this precious original document, which transcends mere ideas, theories, and religions in conveying our cultural and historical essence.

As I was breathing the cold autumn air at dawn today, the following thought came to mind: "The Northeast Asian history war has finally been ignited with a powerful intensity. Now, we are completely deprived of our history by China, and it is practically impossible to restore it." In terms of the method by which our history could be recaptured, an examination of the past shows that our history could potentially be recovered through war and the occupation of territory. Yet, we know well that, even if physically overpowering China today were realistic, it would not be the appropriate solution.

Daehansagwan: How to Achieve Historical Restoration

If that is the case, how can a historical restoration be accomplished? If we look at the records in global texts of both the East and West, the history of our country's origins has been severely distorted by China and Japan. In addition, even books that we Koreans have composed ourselves—such as *Samguk Sagi* and *Samguk Yusa*—have been consistently abridged, distorted, manipulated, or misinterpreted.

In the case of China, if we examine *Records of the Grand Historian* by Sima Qian (145-86 BCE; considered the father of Chinese historiography), we see that our country is not referred to by its own name. The name 'Joseon' and our country's previous name, 'Baedal,' barely appear.

또 일본의 경우, 역사책 『고사기古事記』와 『일본서기日本書紀』는 일본의 친정집인 백제가 망한 뒤에 그 관계를 단절하기 위해 역사를 조작해서 지은 책입니다. 또 근대 서양 과학주의를 표방한 실증사학이 동양의 정신문화, 영성문화를 폄하하고 미신시하여 역사에 대한 잘못된 해석과 무지를 스스로 드러내고 있습니다. 이 모든 역사 왜곡과 말살의 장애를 걷어낸다는 것은 사실 참으로 난제 중의 난제입니다. 어쩌면 불가능의 영역이라고 말할 수도 있습니다.

우리가 한국인으로서 지구촌 어디에 살고 있다 할지라도 우리의 문화와 역사의 참모습을 바르게 알아야 하는 이유는 우리가 바로 동방문화의 원주인이기 때문입니다.

그러면 먼저 대한大韓의 참뜻이 무엇인가? 한국인으로서 살아생전에 또 죽어서도 대한의 참뜻만은 알고 죽어야 한국인으로 태어난 값을 하는 것이 아닌가! 그래야 내가 한국인으로 동방의 땅에 태어나 한 세상을 살다가 저승길에 갔을 때, "나는 죽어서도 한국인이다, 동방의 대한사람이다."라고 할 수 있는, 확신 있는 삶, 멋진 삶을 살 수가 있지 않는가 생각합니다.

우리는 우리의 본래 문화, 잃어버린 창세역사, 시원역사를 제대로 들여다볼 수 있는 한국인이 되어야 합니다. 그냥 단순히 "우리가 이런 역사를 가지고 있었는데 중국과 일본, 서양 제국주의자들에 의해서, 또 그동안 외래사상을 수용하고 나라를 경영하는 과정에서 통치자들에 의해서 역사를 잃어버렸다." 이런 정도로 그쳐서는 안 됩니다.

동방 한국의 시원 창세역사를 되찾는 일은 우리 한국인은 물론 70억 인류의 생사존망이 걸려있는 문제입니다. 인류의 죽고 사는 일이 걸려있는 것입니다. 고대사를 넘어서, 근대사의 역사 주제인 '개벽開闢'의 문제 또한 인류의 생사가 걸린 문제입니다. 그렇다면 과연 개벽이란 무엇일까요?

본론으로 들어가기 전에, 지금은 대한사관이 역사의 전면에 나오는 때라

In addition, in the case of Japan, after the collapse of Baekje (the land of Japan's ancestral roots), *Kojiki* and *Nihon Shoki* were written in order to sever Japan's historic relationship to Korea by manipulating history. Moreover, empiricist history (which advocates modern Western scientism) disparages Eastern spiritual and religious culture as superstitious, demonstrating an ignorant misinterpretation of history. Removing all the obstacles created by the distortion and destruction of our history is truly a challenge among challenges. Perhaps it can be said that we are in the territory of impossibility.

The reason we Koreans, regardless of where we reside around the world, should learn the true and correct form of our culture and history is that we are the very progenitors of Eastern culture.

But first: what is the true meaning of 'Daehan' ["Great Korea"]? All Koreans must learn the true meaning of Daehan before they die! This way, you can live a confident and beautiful life, for having lived in this world—having been born as a Korean in the Eastern land—when you go to the afterlife, you will say, "I am a Korean even after death, a member of Daehan of the East."

We must become Koreans who can clearly look back on our original culture, our lost foundational history, and the history of our inception. Up to this point, we have simply said, "We possessed our own history, but we were robbed of it by China, by Japanese and Western imperialists, and by our rulers who governed the country after accepting foreign ideas." We cannot leave it at that.

Recovering Korea's foundational history is a matter of life and death, not just for Koreans, but for all seven billion humans. The very survival of humanity depends on it. The question of *gaebyeok* is a theme of history both ancient and modern, and is also critical to the life of humankind. But what is *gaebyeok*?

Before we get to the main point, I would like to say that now is the time when Daehansagwan [the "Great Korean Historical Perspective"]

고 말씀드리고 싶습니다. 이게 무슨 말인가요?

근대 사학의 역사 해석 체계를 보면 크게 구사학舊史學과 신사학新史學으로 나눌 수 있습니다. 소위 과학주의를 표방한 실증사학實證史學은 무덤을 열고 집 자리를 털어내고 거기서 나온 유물을 검증하면서 "문헌의 기록이 맞다 그르다." 이런 사실 검증을 한다는 것입니다. 그런데 유물과 유적은 세월이 흐르면서 파괴되고 그 본래 모습을 복원할 수 없기 때문에, 역사를 있는 그대로 재현할 수도 없고, 인식할 수도 없습니다.

역사는 외적인 역사적 사실을 검증하는 것을 넘어서서 그 사건과 사건의 관계, 의미, 인간에게 주는 교훈, 역사적 의미 등에 대한 적극적 해석을 해야 한다는 것입니다. 20세기 들어와서 제1차 세계대전의 대참사를 겪고 나서 여기에 대한 반성이 일어났습니다. 역사가의 적극적 해석으로 역사 해석 체계가 주관주의로 빠지게 되었는데, 그래서 저마다 해석이 다르게 되었습니다.

19세기 후반부터 동방에서는 이제 역사를 바르게 인식하고 역사의 진실을 알기 위해서는 역사 연구의 방법을 본질적으로 바꿔야 한다고 주장합니다. 여기서 개벽사관, 개벽문화가 등장합니다. 이것이 1897년에 오늘의 대한민국의 본래 이름의 기원이 된, 대한제국의 탄생으로부터 시작하는 '대한사관大韓史觀'입니다. 본래의 우리 문화와 역사를 회복해서 우리 역사를 해석하는 체계, 이것이 바로 대한사관입니다.

will come to the forefront of history. What does this mean?

The historical analytical framework used in modern historical scholarship can be broadly divided into Old History and New History. The scientific so-called 'empiricist history' approach entails opening tombs, excavating the sites of houses, verifying discovered relics, and finally declaring, "The textual record is right or wrong." Empiricist history focuses on the verification of facts. However, relics and remains are destroyed with the passage of time and cannot be restored to their original form, so history cannot be recognized and reproduced in this way.

The study of history should go beyond verifying external historical facts to performing a constructive analysis of events, including their historical weight, relationship with other events, significance for people, and the lessons they offer human beings. This was recognized after the catastrophe of the First World War at the start of the twentieth century. Due to positivist analysis by historians, the historical analytical framework collapsed into subjectivism, with each analysis differing from the next.

Starting in the late nineteenth century, it became argued in the East that in order to correctly understand history and to know historical truth, historical research methods had to be fundamentally changed. It is here that the *gaebyeok* historical perspective and *gaebyeok* culture emerged in the form of 'Daehansagwan' [the "Great Korean Historical Perspective"]. Daehansagwan began in 1897 with the creation of 'Daehanjeguk' [the "Great Korean Empire"], from which the name of today's 'Daehanminguk' [lit. "Great Korean Republic"; the Republic of Korea] was eventually drawn. A system for analyzing our history by recovering our original culture and history—this is Daehansagwan.

대한사관大韓史觀

구사학의 객관주의와 신사학의 주관주의를 통합하고
한민족과 인류의 원형문화, 뿌리문화를 해석할 수 있는
새로운 제3의 역사관

대한사관은 실증사학의 객관주의와 더불어 주관주의를 통합하고, 그것을 넘어서서 우리 한민족은 물론 인류의 원형문화, 뿌리문화를 해석할 수 있는 제3의 새로운 역사관이라고 말할 수 있습니다. 그래서 오늘 말씀은 한민족의 우주관과 신관으로 동방 한국의 역사와 문화의 참모습을 살펴보려고 합니다. 우리 한민족은 우주, 즉 천지를 어떻게 생각했는가? 인간을 어떻게 봤는가? 또 인간의 삶의 목적을 무엇이라고 생각했는가? 우주 자연의 생명에 대한 궁극의 근원인 신의 세계를 어떻게 봤는가? 이와 같은 우주관과 하나님관을 근본으로 해서 우리 역사의 뿌리를 바르게 보는 대한의 역사 광복의 시간을 갖고자 합니다.

> **Daehansagwan [the "Great Korean Historical Perspective"]**
> A new, third wave of historical analysis that combines the subjectivism of New History with the objectivism of the Old History of empiricist history, and even goes further by analyzing not only the archetypal and foundational culture of the Korean people, but of humankind as a whole.

We can describe Daehansagwan as a new, third wave of historical analysis that combines subjectivism with the objectivism of empiricist history, and even goes further by analyzing not only the archetypal and foundational culture of the Korean people, but of humankind as a whole. Today's lecture will therefore examine the true form of Korean history and culture through the Korean people's perspective of the cosmos and the divine. What do we, the Korean people, believe about the cosmos—about heaven and earth? How do we see human beings? And what do we think the goal of human life is? How do we view this world of God, who is the ultimate source of natural life in the cosmos? Let us spend this time restoring Korean history by correctly viewing our historical roots from both a cosmological standpoint and a theological standpoint.

본론 1

인류 창세 원형문화의 핵, 제천문화

제천문화란 무엇인가

자, 이제 본론으로 넘어가서 첫째 이야기는, 인류 창세 원형문화의 핵이 무엇인가, 우리 한민족의 시원역사와 문화의 핵심이 무엇인가 하는 것입니다. 그것은 한마디로 제천문화입니다.

일본에서는 '정치'라는 말의 원형이 '마쯔리고토'입니다. 한자로 '제사祭祀'인데, 신을 모시고 제사를 지내는 것입니다. 신을 맞이해서 받드는 일, 이것이 일본에서 쓰는 정치란 말의 본래 뜻입니다.

그러면 제천문화라는 것은 무엇인가? 제천은 '하늘에 제사를 지낸다', '제사를 올린다'는 뜻입니다. 아주 쉬운 말로 하나님을 받드는 행사라고 말할 수 있습니다. 이 제천문화의 쉬운 일반적 정의는 바로 '하늘과 땅과 인간이 하나 되는 의식'이라고 할 수 있습니다.

제천문화는 동방 한민족의 하나님 문화의 원형을 내포하며, 이것은 곧 하나님 문화의 원조입니다. 지구촌 하나님 문화의 원조가 바로 동방 한국의 제천문화라는 것입니다. 그러면 누군가는 대뜸 "어째서 한국이 하나님 문화의 원조라는 말인가, 우리나라에는 샤머니즘, 무속문화밖에 더 있었는가?"라고 반문할 것입니다.

Section 1

The Culture of Celestial Rites – The Essence of Humanity's Archetypal Culture

What Is the Culture of Celestial Rites?

Well, now we come to the main part, the first discussion, which is: "What is the essence of humanity's archetypal culture?" and "What is the essence of our Korean people's original history and culture?" In short, this is the culture of celestial rites.

In Japan, the etymon of their word for "politics" is *matsurigoto*. The term for this in Korean is *jesa*, which refers to holding a ritual offering to the spirits. To welcome and revere the spirits—this is the original meaning of the word for "politics" used in Japan.

Then what is the culture of celestial rites? 'Celestial rites' [*jecheon* in Korean] means "to perform a ritual offering to heaven" or "to present a ritual offering upward." It is a very simple word for performing an obeisance to God. A simple, general definition of the culture of celestial rites is: "a ritual in which humans become one with heaven and earth."

The culture of celestial rites reveals the Korean people's culture of God in its archetypal form. It is the origin of the culture of God. In other words, the origin of the culture of God across the world is, in fact, the Korean culture of celestial rites. Given this, some Koreans will say, "How can our country be the originator of the culture of God? Wasn't there only shamanism here?"

그러나 동서의 모든 종교, 신관, 하나님 문화의 원형이 바로 우리 한민족의 제천행사입니다. 이것은 인류 영성문화의 근원입니다. 또 인류의 동서 4대 문명은 물론이고 지금의 첨단 우주 과학문명의 창조력의 근원이요, 그 발전의 동력원이라고 정의할 수가 있습니다.

우리말을 보면, 언어의 역사성 속에서 참으로 재미있고, 우리의 문화 정신을 그냥 온몸으로 느낄 수 있는 말들이 있습니다. 예를 들면, 우리가 "고맙습니다."라는 말을 하는데, 여기서의 '고마'에는 우리 한민족의 신성을 상징하는 웅족熊族, 즉 신성 민족의 후예로 태어나게 해주셔서 감사한다는 뜻, 그 은혜에 보은하고, 하늘의 조상에 감사한다는 뜻이 들어있습니다.

그 다음에 어린애들을 꼬마라고 부릅니다. "야, 꼬마야!" 그런데 '꼬마'라는 말은 '고마야'에서 왔습니다! 이것은 '너는 이 우주에서 가장 지혜롭고 영성이 밝은 신성 민족의 자손으로 태어났다, 이런 뜻입니다. 사실은 모든 사람이 '고마야'의 '꼬마'입니다.

우리가 우리 역사 속으로 쭉 들어가 보면 지금도 그런 유적지가 마리산에 있습니다. 우리 한민족은 1년에 두 번 하늘에 제사를 올렸습니다. 3월 16일 대영절에 대우주의 통치자 하나님께 제를 올렸습니다. 지금은 이런 것을 다 잃어버려서 한국사람 백만 명 중에 다섯 명이나 알까, 열 명이나 알까요. 문화의 근원이 거의 말살되었기 때문에 대영절이 무엇인지도 모릅니다.

In fact, our Korean people's performance of celestial rites was the direct primordial form of all cultures of God, spiritualities, and religions in the East and West. It was the origin of all human spiritual culture. It can also be defined as the creative source and driving force for the development of not only humankind's four major civilizations in the East and West, but also humankind's cutting-edge space-faring scientific civilization of the present day.

If we examine the Korean language, we see that the historicity within it is tremendously interesting. Its words provoke in our bodies an awareness of our cultural spirit. For example, in our word *gomapseumnida* ["thank you"], *goma* refers to a sacred symbol of our Korean people—the Ungjok ["Bear People"]—in that it expresses symbolic thanks for our people's hereditary descent, gratitude for that grace, and our thanks to our divine ancestors.

Next, children are called *ggoma* ["kid"]. "Hey, *ggoma*!" But the word *ggoma* came from *gomaya* ["you are a member of the Bear People"]. *Ggoma* therefore means: "you were born into the sacred lineage of a people with the brightest spirit, the wisest in the cosmos." In fact, all people are *ggoma* ["children"] of *gomaya*.

If we examine our history directly, even now there is a historic site [used for celestial rites] on Mt. Marisan [on Ganghwa Island, near Incheon]. Our Korean people would hold offering rituals to heaven twice a year. On March 16, the day of Daeyeongjeol [a grand celestial rite], we gathered to worship God, Ruler of the Greater Cosmos. Now, because all of this has been lost, perhaps five or ten Koreans out of one million might know this custom. Our cultural origins have been almost completely annihilated, and so we do not even know what Daeyeongjeol is.

무 오 오 십 일 년
戊午五十一年
축 제 천 단 어 마 리 산 금 참 성 단 시 야
築祭天壇於磨璃山 今塹城壇是也

재위 51년 무오(BCE 2283)년에 왕검께서… 마리산에 제천단을 쌓게 하시니 지금의 참성단이 곧 그것이다. (『단군세기』)

매 당 삼 월 십 육 일 즉 치 왕 마 리 산 공 물 경 배 이 귀
每當三月十六日則馳往摩利山 供物敬拜而歸
시 월 삼 일 즉 등 백 두 산 제 천
十月三日則登白頭山祭天

해마다 3월 16일(대영절)이 되면… 강화도 마리산에 가서 제물을 바쳐 경배하고 … 10월 3일에는 백두산에 올라가 천제를 올렸다. (『태백일사』「고구려국본기」)

또 지금은 양력으로 지내고 있는데 원래 음력 10월 3일 개천절날 백두산에서 천제를 올렸습니다. 3월에는 강화도 마리산에서, 10월에는 백두산에서, 일 년에 두 번 봄가을에 천제를 올렸습니다. 이게 다 왜곡되고 뿌리 문화가 단절되어서 사람들이 모르고 있습니다. 전혀 모르고 있는 것입니다.

중국에는 태산泰山에 올라가서 천제를 올린 제왕이 72명이 있었습니다. 소위 봉선제封禪祭라고 합니다. 사마천의 『사기』에 보면 봉선제가 나오잖습니까. "제왕이 창업을 하고 태산에 올라가서 하나님께 신고식을 하는 바로 그 순간이 왕으로서 일생일대 가장 영예로운 순간이다." 이런 얘기를 했습니다.

戊午五十一年 築祭天壇於磨璃山 今塹城壇是也

"In the fifty-first year of his reign (2283 BCE), Dangun Wanggeom commanded [the construction of] an altar for conducting offering rituals to heaven on Mt. Marisan. This is the very same Chamseongdan Altar of today." -*Dangun Segi*

每當三月十六日則馳往摩利山 供物敬拜而歸
十月三日則登白頭山祭天

"Each year on March 16th [Daeyeongjeol, a large-scale celestial rite], [Eulji Mundeok went] to Mt. Marisan, Ganghwa-do Island and conducted an offering ritual for heaven.
[Eulji Mundeok] also conducted an offering ritual for heaven on October 3rd on Mt. Baekdusan."
-"Goguryeoguk Bongi", *Taebaek Ilsa*

In addition, although we now use the solar calendar, National Foundation Day was originally held on October 3 of the lunar calendar, when an offering ritual to heaven was held on Mt. Baekdusan. We worshipped heaven this way twice a year, in spring and autumn, on Mt. Marisan on Ganghwa-do Island in March and on Mt. Baekdusan in October. Since everything has been distorted and our cultural roots have been severed, people no longer know this. They do not know it at all.

In China, seventy-two emperors climbed Mount Tai [in Shandong province] to hold offering rituals to heaven. This was the so-called 'Feng Shan' ritual. The Feng Shan ritual is mentioned in *Records of the Grand Historian* by Sima Qian. He had this to say: "The very moment when the emperor begins his rule, ascends Mount Tai, and performs a ritual to announce the beginning of his reign to God is the most honorable moment of his life as sovereign."

관중왈 고자봉태산선량부자칠십이가
管仲曰: 古者封泰山禪梁父者七十二家

관중이 말하기를, '고대에 태산에서 하늘에 제사 지내고 양보산에서 땅에 제사 지낸 왕은 72분이었다' (『사기』 「봉선서」)

우리 역사문화에서 마지막 왕조인 조선이 패망하기 13년 전인 1897년에 고종 임금이 대한제국大韓帝國을 선포했습니다. 그때 세계 동서양 열두 제국이 밀고 와서 중국을 아편으로 다 병들게 했고, 유럽의 강국들인 영국, 미국, 그다음에 동양의 유일한 제국인 일본까지 모두 12제국이 들어와서 합세하여 조선왕조를 무너뜨리려고 하였습니다. 그때 마지막 절규로 "우리가 진정한 제국이다."라는 의미로 대한제국을 선포한 것입니다. "너희들 동서 열두 제국이 진짜 제국이 아니라 우리가, 비록 나라는 무너지고 있지만 열세 번째 제국인 우리 대한제국이 이 지구의 진정한, 유일한 역사의 근원이 되는 제국이다." 이것이 인류 근대사와 다가올 미래사의 중심 주제인 '다시 개벽'의 시대를 맞이하여 한민족이 선언한 위대한 인류 문화의 역사 선언입니다.

이때 고종은 예전에 있던 황궁우皇穹宇를 복원해서 대우주 통치자 하나님을 모시는 제단을 준비하고 황제로 취임하셨습니다. 나라 이름을 조선에서 대한제국으로, 왕에서 천자인 황제로, 또 연호를 광무光武로 정했습니다. 광무! 그것은 우주 본래의 빛과 그리고 우리의 반만년 역사를 넘어서는 문무를 겸한 역사의 기상을 상징하는 연호입니다. 그리고 어인御印에 용을 새겨서 옥새를 쓰기 시작했습니다.

> 管仲曰：古者封泰山禪梁父者七十二家
> Guan Zhong said, "In ancient times there were seventy-two kings who held offering rituals for heaven on Mount Tai and offering rituals for earth on Mount Liangfu." - "Treatise on the Feng Shan Sacrifices," *Records of the Grand Historian*

The last king in Korean history, Gojong, proclaimed the Korean Empire in 1897, thirteen years before the collapse of the Joseon Dynasty. At that time, the twelve empires of the world, in both the East and West, aggressively preyed upon China and poisoned her with opium. These twelve empires—including the European power Britain, the United States, and after them the sole empire of the East, Japan—entered Korea and together tried to destroy the Joseon Dynasty. "We are a real empire"—this was our final cry at that time, the meaning of the proclamation of the Korean Empire. "You twelve empires of the East and West are not really empires. Although our country is collapsing, the thirteenth empire, our Korean Empire, is the true empire of this earth, the sole source of history." This proclamation by the Korean people is the great declaration of human cultural history, which will usher in the era of 'the second *gaebyeok*,' the central theme of modern history and the coming future history of humanity.

At this time, Gojong restored old Hwangungu [a three-storied octagonal shrine in Seoul]; prepared an altar for worshipping God, the Ruler of the Greater Cosmos; and was installed as emperor. The country's name was changed from 'Joseon' to the 'Daehan ["Great Korean"] Empire,' the king became emperor (the Son of Heaven), and the era was designated 'Gwangmu' ["Warrior of Radiance"]. Gwangmu! The name of the era symbolizes our historical spirit, combining our five-thousand-year literary and martial history with the light of the universe's beginning. Gojong then engraved a dragon on the royal signet and began using it as an imperial seal.

Wongudan Restoration Image | Gojong restored the Wongudan Altar and, after holding a heavenly offering ritual for Sangjenim, proclaimed the Great Han (Korean) Empire and rose to the position of emperor.

하나님 문화의 원형을 보여주는 우하량 천단

지금으로부터 한 세대 전, 1970년대 후반부터 80년대 초에 지금의 중국 동북쪽에서 하나님 문화의 원형 천단이 발굴되었습니다. 그 놀라운 제단이 발굴된 것입니다! 1979년에 요령성 객좌현 동산취東山嘴촌에서 둥근 천단이 발굴되었고, 1983년 요령성 건평현 우하량牛河梁촌에서는 총묘단塚廟壇, 즉 무덤과 여신상을 모신 사당과 제단이 나왔습니다. 제1지점에서 여신의 사당(廟)이 나왔고, 제2지점에서 대형 무덤군(塚)과 원형 모양의 제단(壇)이 나란히 나왔습니다. 이는 인류 문명사를 진정으로 새로 쓰지 않을 수가 없는 대사건입니다. 제2지점 유적지는 150미터 길이에 달합니다.

제2지점의 사각형 무덤 유적과 원형의 제단 유적은 '천원지방天圓地方', 즉 하늘은 둥글고 땅은 방정하다는 동양 우주관을 그대로 보여줍니다. 천원지방! 지금부터 5천 5백년에서 6천 년 전에 세워졌던 우주사상을 근본으로 한 하나님 문화의 제단 유적이 발굴된 것입니다. 우하량의 제단 발굴은 인

The Heavenly Altar at Niuheliang: The Archetypal Form of the Culture of God

In the generation before the present one, from the late 1970s to the early 1980s, heavenly altars of the archetypal culture of God were excavated in northeastern China. These amazing altars were uncovered! In 1979, a round heavenly altar was discovered at the village of Dongshanzui, Kazuo County, Liaoning Province; and in 1983, Chongmyodan, a shrine and altar featuring a tomb and a goddess statue, was found in Niuheliang in Jianping Country. At one site, a goddess's shrine was unearthed, and at the second site, a large tomb and a circular altar were discovered next to one another. This discovery was a significant event that forced us to rewrite the history of human civilization. The remains of the second site reach 150 meters in length.

The remains of the square tomb and the circular altar at the second site reveal the Eastern view of the cosmos: '*cheonwonjibang*'—"heaven is round and earth is square." *Cheonwonjibang*! They excavated the remains of a circular altar of the culture of God based on this theory of the cosmos that was built 5,500 to 6,000 years ago.

Excavation of the cultural elements of celestial rite culture from the early period of humanity in Niuheliang Village, Jianping County, Liaoning Province.

류 초기 제사문화의 피라미드가 나온 엄청난 사건입니다. 피라미드가 원래 제단으로 세워진 것을 생각하면, 동북아에서 이집트의 피라미드보다 앞서는, 피라미드 문화의 원형이 발굴된 것입니다.

그런데 이 제천문화의 전통이 마리산 참성단에도 나타납니다. 우리 한반도에서는 지금으로부터 4,300년 전 단군조선의 초대 단군왕검이 9년 대홍수로 나라에 엄청난 위기가 닥쳐왔을 때, 이것을 극복하기 위해서 재위 51년째 되던 해에 마리산에 참성단을 쌓았습니다. 이 마리산 참성단을 보면 상방하원上方下圓으로 되어 있습니다. 이 모습은 참으로 놀라운 데가 있습니다. 사각의 제단이 위에 있는 모양인데, 이것은 『주역周易』의 지천태地天泰의 모습입니다.

The circular altar and square tomb in Niuheliang displayed the *'cheonwonjibang'* philosophy: "heaven is round and earth is square."

The excavation of the altar at Niuheliang was a tremendous event through which the origins of the pyramids used in the early offering ritual culture of humankind were revealed. Since the pyramids were originally constructed as altars, the Niuheliang excavation represents the unearthing of the archetypal form of humanity's pyramid culture, which existed first in Northeast Asia.

However, the culture of celestial rites can also be found at Chamseongdan Altar on Mt. Marisan. On the Korean Peninsula, 4,300 years ago in the early days of ancient Joseon, Dangun Wanggeom, the nation's founder, responded to the nine-year flood, which was a severe crisis for the country. To overcome this crisis, he built Chamseongdan Altar on Mt. Marisan in the fifty-first year of his reign. Chamseongdan Altar on Mt. Marisan was built with a square structure atop a circular base. This structure was very surprising. The square altar on top represented *jicheontae* [the eleventh hexagram, meaning a "peacefulness" acquired through the harmony between heaven and earth] from *I Ching*.

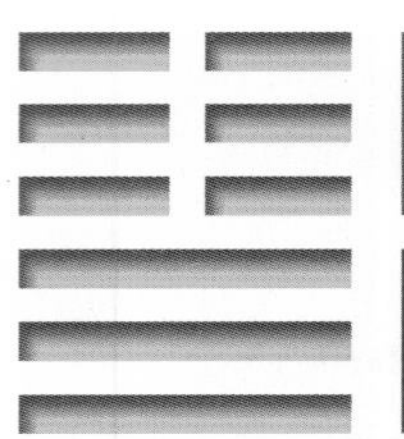

地 earth
상방 square top
天 heaven
하원 circular base

지 천 태

"In the fifty-first year of his reign (2283 BCE), Dangun Wanggeom commanded [the construction of] an altar for conducting offering rituals to heaven on Mt. Marisan. This is the very same Chamseong-dan Altar of today." – *Dangun Segi*

북경 천단공원 곳곳의 하나님 문화

동북아의 신관, 우주관의 원형을 보여주는 천원지방天圓地方의 제천문화가 중국의 명나라, 청나라 때 임금이 있었던 자금성紫禁城에도 있습니다. 자금성의 둘레에 천지일월의 도에 따라 천단공원, 지단공원, 일단공원, 월단공원이 있는데, 천단공원의 원구단이 천원지방 사상을 여실히 보여줍니다. 세계의 많은 관광객들이 연중무휴로 자금성 옆 천단공원을 찾아옵니다.

북경 천단공원 | 북경 천단공원의 원구단 : 3단으로 된 둥근 제단과 사각형의 울타리가 천원지방의 이치를 보여준다.

Temple of Heaven Park, Beijing | The Circular Mound Altar at Beijing's Temple of Heaven : The three-tiered round altar and the square-shaped wall demonstrate the principle of a circular heaven and a square earth.

Examples of the Culture of God from Beijing's Temple of Heaven Park

The concept of a circular heaven and a square earth that represents the archetypal form of Northeast Asian theology and cosmology central to the culture of celestial rites is also found at the Forbidden City, home to the rulers of the Ming and Qing dynasties. There are parks hosting the Temple of Heaven, the Temple of Earth, and the Temple of Sun and Moon within the Forbidden City in accordance with the dao of heaven, earth, sun, and moon. Among them, the Circular Mound Altar at the Temple of Heaven most vividly depicts the theory of a circular heaven and a square earth. Many tourists come all year long from around the world to see the Temple of Heaven next to the Forbidden City.

천단공원에 가보면 기년전祈年殿 안에 '황천상제皇天上帝'라고 쓴 위패가 모셔져 있습니다. 더욱 놀라운 것은 바로 6천 년 전, 단군조선 이전인 환웅천왕의 배달국 시절에 나라를 경영한 풍백風伯, 우사雨師, 운사雲師의 실존 인물들을 모시고 있다는 것입니다. 제가 한 20년 전에 중국에 갔을 때 저것을 보고 깜짝 놀랐습니다. 왼쪽을 보니까 붉은 글씨로 위패가 모셔져 있었는데, 정말로 놀라웠습니다.

천단공원 내 기년전 안에 모셔진 황천상제 위패 |
Spirit tablet of Hwangcheon Sangje ["Supreme Emperor of Heaven"] in the Hall of Prayer for Good Harvests, Temple of Heaven Park.

The Hall of Prayer for Good Harvests in the Temple of Heaven Park contains an ancestral tablet with 'Hwangcheon Sangje' ["Supreme Emperor of Heaven"] written on it. Something deeply surprising is that it honors Pungbaek, Usa, and Unsa—real people who helped govern the land of Baedal, the state preceding ancient Joseon, under Heavenly Emperor Hwanung. When I visited China twenty years ago and saw this, I was utterly astounded. I looked to my left and saw the tablet honoring them in red writing, and I was truly amazed.

기년전 옆 천지신명 전각 안의 풍백, 우사, 운사 위패 |
Spirit tablets for Pungbaek, Usa, and Unsa in the shrine next to the Hall of Prayer for Good Harvests.

천단공원 원구단 중앙의 천심석 |
The Heart of Heaven in the center of the Temple of Heaven's Circular Mound Altar.

그리고 천단공원 원구단의 제단 구조를 보면 중앙에 천심석天心石이 있습니다. 저 천심석이 과연 뭘까? 저것은 바로 하늘의 마음, 하나님 마음을 나타내는 것입니다.

그러면 하나님의 원래 말이 무엇인가? 한국 사람이 하나님을 부르는 본래 말이 무엇인가? '천상의 하나님'을 한자로 '위 상上' 자에 '하나님 제帝' 자로 씁니다. 우리의 역사와 원형문화를 잃어버렸기 때문에 우리는 저것을 '임금님 제' 자로만 알고 있습니다. 그런데 원래는 '하나님 제' 자입니다. '하늘에는 천상의 통치자 상제上帝님이 계시고, 땅에는 그 대행자 하제下帝가 있다.'는 것입니다. 그 뒤에 황제皇帝란 말이 진시황秦始皇(BCE 259~BCE 210)에 의해서 처음 부르게 된 것이지만, 천상의 하나님을 원래 한자말로 상제上帝라고 부릅니다.

三神一體上帝(삼신일체상제)

'하나님, 하느님, 천주님'의 본래 호칭

In addition, if we examine the structure of the Circular Mound Altar at the Temple of Heaven, we discover there is [a round slate called] the 'Heart of Heaven.' What then is this Heart of Heaven? In fact, it represents the heart and mind of heaven—the heart and mind of God.

If so, what was the original term for God? What word did the Korean people originally use to refer to God? "God of Heaven Above" is written with the characters *sang* for "above" and *je* for "God." Having lost our history and original culture, we know this character *je* only as "ruler." But originally, it had the meaning of "God," as in this sentence: "Sangje is in the sky ruling the heavens above, and 'Haje' ["Lower Ruler"] is his representative on earth." Later, the *je* character was first used in the term *hwangje* ["emperor"] to refer to Qin Shi Huang (259-210 BCE), the founder of the Qin Dynasty, but God of the heavens above was originally called 'Sangje.'

三神一體上帝
Samsin Ilche Sangje ["Sangjenim, who exists in oneness with Samsin"]
The original name for God, the Lord of Heaven

그 하나님 문화의 권위의 상징, 하나님의 통치권, 신권의 상징이 용봉龍鳳입니다. 그런데 용봉문화가 바로 홍산문화紅山文化에서 일제히 발굴되면서 중국 정부에 초비상이 걸렸습니다. 저것이 동방의 문화라는 것을 자기들도 안 것입니다. "이것이 저 한반도에 있는 조선 사람들의 조상 역사인데, 이것을 빼앗기면 동북아 역사전쟁의 주도권을 잡을 수가 없다"라고 해서 강택민과 그 이후 중국의 통치자들이 서둘러서 중국 역사의 운명을 걸고 대대적으로 수조 원을 풀어서 이것을 선점해서 마무리 짓고 말았습니다.

| C자형 옥룡 |
C-shaped Jade Dragon

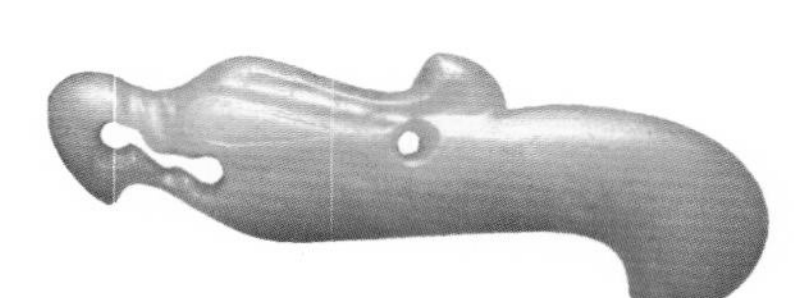

| 용형 옥 장신구 |
Dragon-shaped Jade Ornament

| 쌍옥룡 |
Jade Twin Dragons

| 옥웅룡 |
Jade Bear Dragon

The symbols of the culture of God's authority, and of God's right to rule and divine status, are the dragon and phoenix. However, when examples of the dragon and phoenix culture were discovered within the Hongshan culture, the Chinese government was in crisis. Even they knew that it meant Hongshan was part of Korean culture. They thought, "The builders of this settlement were the ancestors of those Joseon people of the Korean Peninsula. If this is revealed, we will lose our ancestral authority in the history war of Northeast Asia." With the fate of Chinese history in the balance, Jiang Zemin and the rulers who succeeded him rushed to stake their claim, spending billions of Yuan to finish the job.

| 세계 최고 봉황 형상 토기 |
The world's oldest phoenix-shaped earthenware

| 옥 봉황 |
Jade phoenix

천제는 대동축제의 장

홍산문화를 역사학계에서는 소위 '제5의 문명'이라고 하며 인더스 문명이나 황하 문명, 이집트 문명, 그 다음에 메소포타미아 문명보다 더 오래된, 진정한 세계 문명의 원형으로 볼 수 있는 문화가 나왔다'라고 합니다.

그런데 이 문화의 정신은 한마디로 무엇인가? 그 당시의 사람들은 미개한 것이 아니었으며, 이 우주의 근본 이치에 대한 아주 확고한 깨달음을 갖고, 나라를 열고, 다스렸다는 것입니다. 그리고 백성들은 하나님을 섬기며 모두가 한마음으로 살았다는 것입니다.

"천제문화라고 하면 임금님이 하늘에다가 제사를 지내는 건데 뭐 그게 인류 문화의 원형이 되고 근원이 되는가?" 그렇게 얘기할 수가 있습니다. 그런데 그게 아니라는 것입니다. 그날 온 나라 백성들이 다 함께 임금님과 더불어서 하나가 되어 하늘에 감사를 올리고, 천제를 올리고 나면 함께 술을 마시면서 노래 부르고, 축제를 벌였습니다. 이때 음악과 무용과, 또 인간 예술의 온갖 영역이 총동원되었습니다. 한 나라의 나라님으로부터 통치계급의 위계질서가 아주 정연하지만 그 날만은 모두가 하나 되어서 대동축제가 이루어졌습니다.

부여의 '영고迎鼓'니, 동예의 '무천舞天'이니, 고구려의 '동맹東盟'이니 하는 기록을 중국 사서를 통해서도 알고 있습니다. 그러나 그것은 사실 표피적인 것이고, 실제 제천문화인 하나님 문화의 실체를 너무 모르고 있습니다. 그 핵심을 우리가 너무 피상적으로만 알고 있습니다. 그럼 이 제천문화의 모습을 지구촌 차원에서 한번 살펴보겠습니다.

Offering Rituals to Heaven: The Basis for Festivals of Unity

Among history scholars, the Hongshan culture is referred to as the so-called 'fifth civilization.' They say: compared to the Indus Valley, Yellow River, Egyptian, and Mesopotamian civilizations, this culture emerged far earlier and shows the true archetypal form of global civilization.

But what, in short, is the spirit of this culture? People at that time were not uncivilized, they had a concrete understanding of the fundamental logic of the cosmos, and they established and governed a nation. Moreover, the populace served God and lived together with one mind.

Regarding this culture of holding offering rituals to heaven, one might ask, "So what if their rulers held offering rituals to heaven? Does that really make their culture the archetypal form and origin of human culture?" However that isn't a correct interpretation of the matter. Such rites were occasions when the whole population joined the ruler in giving thanks to heaven as one, performing the offering ritual to heaven, drinking, singing, and making merry together. It was an occasion for music, dance, and all kinds of artistry. The hierarchical order of the country's ruling class was normally very static, but on that day only, all became one for this festival of unity.

We also know of the [festivals of ancient Korean tribes and kingdoms, including the] Yeonggo of Buyeo, the Mucheon of the Dongye, and the Dongmaeng of Goguryeo, through records in Chinese historical texts. These records are in fact superficial, and the true form of the real culture of celestial rites—the culture of God—is very much unknown. We have only a shallow understanding of its essence. We will therefore examine the global dimensions of this culture of celestial rites.

지구촌 곳곳의 거석문화

일본의 경우에, 신사神社에 들어가 보면 신사 입구에 '도리이'라고 하는 솟대 양식이 있습니다. 이것은 '신을 모시는 기둥', '신을 받드는 기둥이다.'라는 의미입니다.

이집트에 가보면 '오벨리스크'라고 있습니다. 파라오들이 "신의 생명을 내가 영원히 지속해서 받겠다."라고 하는 의지의 표현으로 신들의 빛, 오벨리스크를 세웠는데, 그것도 솟대입니다.

일본 신사의 도리이鳥居는 한국의 솟대처럼 '신을 모시는 기둥' |
(위) '일본의 도리이' (아래) '한국의 솟대'
The *torii* poles of Japanese Shinto shrines are, like the Korean *sotdae*, pillars for worshipping God.
Images: [top] a Japanese *torri* [bottom] a Korean *sotdae*

Megalithic Cultures Around the World

In the case of Shinto in Japan, the entrances to Shinto shrines feature a type of *sotdae* [totem structure] called a *torii*. This signifies a pillar to honor God or a pillar to receive from God.

In Egypt, there are obelisks. The pharaohs erected obelisks to represent the light of the gods and the Egyptians' desire to receive the eternal life of the gods. These are also *sotdae*s.

이집트 오벨리스크도 솟대의 일종 | 파라오들이 신의 생명을 영원히 받기 위해 세움
Egyptian obelisks are another kind of *sotdae*. Pharaohs erected them to receive the life force of the gods for eternity.

또 그 이외에 저 서양문명의 근원이 되었던, 이라크 남부에서 비롯된 수메르 문명은 약 5,500년 전에서 6천 년 전에 동방 천산에서 넘어간 사람들이 세운 문명입니다. 그때 세웠던 제천단이 소위 지구라트ziggurat인데, 이것을 피라미드 문화의 원형이라고 합니다. 이것을 수메르 사람들은 '하나님의 산이다.' '천산이다.' 또는 '하늘 언덕이다.'라고 불렀다고 합니다.

하나님을 모시는 제단인 이집트 피라미드! 이집트 피라미드는 바로 수메르 사람 임호테프Imhotep(BCE 2650~BCE 2600)가 이집트의 초빙을 받아 귀화해서 약 4,700년 전에 세우기 시작했습니다. 이집트의 초기 피라미드들은 정상이 평면으로 되어 있는데, 그 정상에서 제祭를 올렸다는 것입니다.

지구라트의 다른 말: '하나님의 산(天山)', '하늘 언덕'
Some other names for the Sumerian ziggurats were 'mountains of God (heaven mountains)' and 'sky hills.'

In addition, the Sumerian civilization, which became the foundation of Western civilization, was founded by people who crossed the eastern Tianshan Mountains around 5,500 to 6,000 years ago. They built altars for celestial rites, the so-called 'ziggurats.' This was the archetypal form of pyramid culture. For the people of Sumer, ziggurats were 'mountains of God' or 'heaven mountains.' They were also called 'sky hills.'

The Egyptian pyramids were altars to God! Imhotep (2650-2600 BCE), a Sumerian, was in fact invited to Egypt and became naturalized. He began work on the pyramids approximately 4,700 years ago. Egypt's early pyramids were all flat at the top, and ritual sacrifices were conducted on their summits.

사카라의 계단 피라미드 | 4,700년 전 수메르에서 귀화한 임호테프Imhotep가 세운 이집트 최초의 피라미드

Saqqara Step Pyramid | Egypt's very first pyramid, built by Imhotep after he immigrated to the country from Sumer 4,700 years ago.

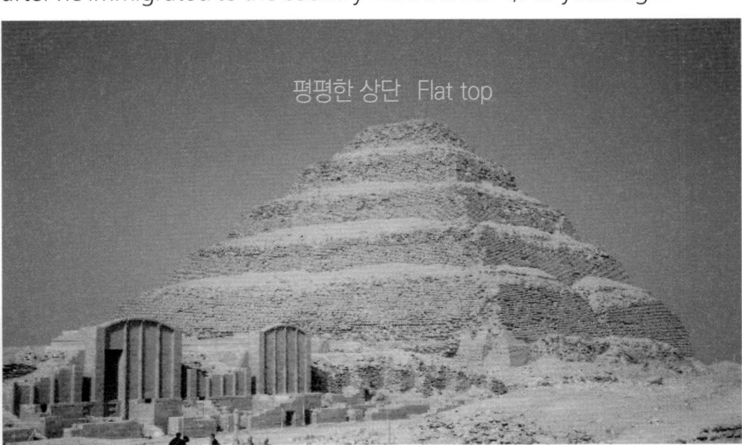

그 외에 마야문명으로 가서 보게 되면, 누구라도 놀라게 됩니다. 안내해 주는 사람들의 설명에 놀라는 게 아니고, 현장을 보고 놀라는 것입니다. "피라미드는 이집트 문화인 줄로만 알았는데, 아, 진짜는 여기에 있구나." 이곳의 피라미드는 지금까지 발굴된 것만 수천 개입니다.

태양 피라미드와 달 피라미드가 있고 그 아래에 부속 건물들이 있습니다. 이번에 미국을 갔을 때 '달 피라미드'를 살펴보니 그 사람들은 천문과 동시에 지리에도 도통한 사람들이라는 것을 알 수 있었습니다. 그 뒤에 주산主山을 등지고 '달 피라미드'를 세웠는데, 달 피라미드에서 왼쪽에 있는 '태양 피라미드'를 보고 있는 것입니다. 아래에 사각형의 제단이 있습니다.

마야 문명의 피라미드는 발굴된 것만 수천 개이며 현재도 발굴 중에 있다.

In addition, anyone who examines the Mayan civilization will be astounded. It's not that they'll be astounded by the explanations of the guides, but by seeing the sights. They'll say, "I thought that the pyramids were just a feature unique to Egyptian culture, but actually they are here as well." Thousands of pyramids have been found in what used to be Mayan territory, and more are still being discovered today.

There is the Pyramid of the Sun and the Pyramid of the Moon, and below them are annex structures. When I went to America and examined the Pyramid of the Moon, I could see how these people were deeply versed in both astronomy and geography. The Pyramid of the Moon was constructed in front of a major mountain. To the left of the Pyramid of the Moon sits the Pyramid of the Sun; and below the Pyramid of the Moon, there is a square altar.

Thousands of pyramids have been found in what used to be Mayan territory, and more are still being discovered today.

멕시코 태양 피라미드
Pyramid of the Sun, Mexico

멕시코 달 피라미드
Pyramid of the Moon, Mexico

사각형(방형) 제단
Square (angular) altar

그리고 세계 7대 불가사의의 하나인 치첸이트사Chichen Itza(마야 문명의 도시)에 가보면, 마야의 피라미드 천문대가 있습니다. 1년 365일의 이치로 돌을 쌓았는데, 그 하단이 정사각형입니다. "분명히 여기에 천원지방의 제천단 문화 원형이 있을 거다."라는 생각이 들어 거기에서 40년을 산 전문 가이드에게 물어보았습니다. "여기 원으로 쌓은 게 분명히 있을 거다."라고 했더니 "아, 있다"는 것입니다. 아주 거대한 우물이 있는데 거기에 처녀나 자원자를 신에게 바치면 죽어서 신이 된다고 하는 우물이라는 것입니다. 가다 보니까 울타리처럼 쌓아놓은 둥근 작은 성처럼 된 돌 건축물이 있습니다.

『환단고기』의 9천년 역사의 진실을 드러내는, 그런 현장의 놀라운 유적지를 볼 때, 정말로 마음속 깊이 충격을 받는 체험을 하게 됩니다.

멕시코 치첸이트사의 마야 피라미드 | 사면의 계단과 맨 위 제단을 합하면 모두 365개의 돌계단으로 1년 365일을 상징한다.

Mayan Pyramid Chichen Itza, Mexico | The tiers of the four sides and the altar at the top make for 365 stone altars in total, representing the 365 days in a year.

There is also a Mayan astronomical pyramid at Chichen Itza [a city of the Mayan civilization, and one of the seven wonders of the world]. The stones were constructed in accordance with the 365 days of the year, and the base is square. Thinking, "Clearly this is an original form of the circular heaven-square earth celestial rites altar," I said to an expert guide, who had lived there for forty years, "There must be a circular one here." He replied, "Oh, there is." There is an enormous well, and it is said that if a virgin or a volunteer is offered at this well as a sacrifice to the gods, these sacrifices will themselves become gods after death. When I went to look, there was a small stone structure constructed like a fortress's round wall.

The truth of nine thousand years of history emerges in *Hwandan Gogi*, and when we see the astonishing remains at this site, we experience it as a shock deep within our hearts.

세노테 | 고대 마야인들이 신성시했던 우물

cenote | A well considered divine by the ancient Mayans.

피라미드를 둘러싼 돌담은 동방의 천원지방 사상을 보여준다.

Rock walls surrounding the pyramids display the Eastern concept of a circular heaven and a square earth.

피라미드 문화의 실제 모습은 사실 동북아에 있습니다. 좀 전에 말한 홍산문화야말로 피라미드 문화의 원형입니다. 그리고 고구려 시대 정도 내려와 보면, 들리는 얘기로 피라미드가 1천기 정도가 아니고 1만기 이상이 있다고 합니다. 중국 길림성 집안현集安縣이라든지 몇 곳을 가보면 크고 작은 피라미드 원형 건축물들이 아주 즐비하게 있습니다.

피라미드식 고구려 고분군 | 길림성 집안현
A pyramid-style stone-mound tomb from the Goguryreo era | Ji'an County, Jilin Province

The true form of pyramid culture originated, in truth, from Northeast Asia. In fact, the Hongshan culture I mentioned earlier is the archetypal form of pyramid culture. Also, if we go back farther to the Goguryeo period, there are stories about how there were not just one thousand pyramids—there were more than ten thousand. There are several places, such as Ji'An in Jilin Province, China, where you will find concentrations of original large and small pyramid structures.

거석문화의 실체를 들어가 보면 이미 5천 년 전에 국가를 건설해서 나라를 다스린 강력한 권력 국가가 존재했다는 것을 알게 됩니다. 서양의 근세 실증사학에서는 청동기 시대를 근거로 해서 국가 성립을 가늠합니다. 그런데 이런 거짓말 역사관이 어디 있는가 말입니다. 그것은 서양 학자들 몇 사람이 만든 학설입니다. 그런데 그것을 근거로 해서, 대한민국의 국가 성립사는 2,700년을 못 넘습니다! 이것이 지금 대한민국 교과서의 서글픈 현주소입니다.

유럽의 거석문화를 보면 우리가 잘 알고 있는 영국의 스톤헨지Stonehenge의 경우 많은 환상열석이 있습니다. 거대한 돌을 둘러놓았는데 그것이 약 5만 개가 있다는 것입니다. 약 5만 개입니다! 또 불란서의 까르냑Carnac 지역을 가보면 약 3천여 개의 고인돌 같은 거대한 돌이 있습니다.

영국의 스톤헨지 Stonehenge, England

The reality of megalithic culture is that there already existed powerful authorities who governed countries and established states five thousand years ago. The West's modern empiricist history posits that the Bronze Age was the foundation for the establishment of states. However, from where does this mendacious historical viewpoint arise? It is an academic theory created by a few Western scholars. But on this basis, the Korean people's history of state formation cannot be older than 2,700 years! This is the sad state of South Korea's current history textbooks.

Europe's megalithic culture features many stone circles, such as the well-known Stonehenge, created by positioning massive stones. There are approximately fifty thousand such circles. Approximately fifty thousand! Also, if you go to Carnac, France, there are over three thousand enormous stones reminiscent of Korean *goindol* dolmens.

프랑스 까르냑 열석 Stone Alignments, Carnac, France

그러면 거기에서 무엇을 했을까요? 프랑스의 저 거대한 돌을 보면 우리나라 북방식(탁자식) 고인돌과 유사하지 않습니까. 거기에서 제사도 지내고, 천문 관측도 하고, 또 종교 예식을 올리기 위한 성지로 활용을 했다는 것입니다.

또 아주 신비스러운 것은 1987년에 일본 오키나와 남서쪽 요나구니(與那國) 섬에서 지금부터 1만 년 전의 해저 피라미드가 발굴되었습니다. 영국의 아주 유명한 헨콕Graham Hancock이라는 사람은 여기를 백 번을 들어갔다 나왔다고 합니다. 이것이 역사의 진실이라면 인류사는 완전히 다 새로 써야 합니다.

프랑스 크뤼퀴노 고인돌
Crucuno Dolmen, France

프랑스 마흐티뉴 고인돌
Martignes Dolmen, France

Then what use did the ancient peoples have for these stone alignments? If we look at those enormous stones in France, aren't they similar to our northern-style (table-style) *goindols*? Offering rites were also performed there, along with astronomical observations, and they were used as sacred sites for religious ceremonies.

Another very mysterious incident was the discovery of a ten-thousand-year-old underwater pyramid near Yonaguni Island off southwest Okinawa, Japan, in 1987. A very famous British man, Graham Hancock, has said that he visited that site a hundred times. If this discovery proves to be true, then history must be completely rewritten.

Underwater Pyramid, Japan | Yonaguni Island, Okinawa
Thought to be an architectural structure from ten thousand years ago.

둘 다 하느님(상제님)의 마음과 보좌(우주광명)를 상징한다고 볼 수 있다.
Both can be interpreted as symbols of the mind and throne (cosmic radiance) of God (Sangjenim).

이 해저 피라미드에 태양을 상징하는 돌이 있습니다. 저 태양석이 바로 인류 창세역사와 원형문화의 우주사상의 모든 것을 상징하는 것입니다. 그것은 용의 여의주로도 해석할 수가 있고, 아까 북경 천단에서 봤던 하나님의 마음을 상징하는 천심석으로도 볼 수 있습니다. 궁극으로는 한민족이 찾았던 천상 하나님의 마음과 보좌를 이야기하는 것입니다.

우주광명사상의 유일한 원전 『환단고기』

지금까지 한 첫 번째 이야기의 결론은 인류 창세 문화의 우주관, 우주사상, 우주 광명사상의 유일한 문화원전이 『환단고기』라는 것입니다. 『환단고기』로써만 인류 태고의 동서양에 들어차 있는 거석문화, 피라미드 문화, 제천단 문화의 실체, 인간과 우주의 관계, 우주의 통치자인 하나님과 인간의 관계, 인간 역사의 전체 발전상을 들여다볼 수 있습니다.

이제 원전으로 들어가서 『환단고기』를 직접 함께 읽어보도록 하겠습니다. 오늘 『환단고기』가 밝히는 우주관을 통해서 한민족 문화의 근원과 한민족사 전체의 나라 계보, 특히 잃어버린 계보를 알아보는 아주 소중한 시간을 갖기로 하겠습니다.

This underwater pyramid has a stone symbolizing the sun. This sunstone is, in fact, a symbol of both the foundational history of humankind and the cosmic theory of the archetypal culture. It can be interpreted as the dragon's *cintamani* and seen as another version of the Heart of Heaven, the slate within Beijing's Temple of Heaven that symbolizes the heart and mind of God. Ultimately, it expresses the grace and throne of God in heaven, sought by the Korean people.

Hwandan Gogi: The Only Original Text on the Philosophy of Cosmic Radiance

The conclusion of the first lecture up to this point is that *Hwandan Gogi* is the only original cultural text on the cosmology of the primordial human culture—on its philosophy of cosmic radiance. Only through *Hwandan Gogi* can we uncover the true forms of Megalithic culture, pyramid culture, and heaven altar culture that humanity widely practiced in ancient times. Only through *Hwandan Gogi* can we learn the relationship between humans and the cosmos, and between humans and God, the Ruler of the Cosmos. Only through this text can we discover the developmental theory of all of human history.

Now, let us read *Hwandan Gogi* directly together. We shall spend this deeply precious time today learning about the true genealogy of the Korean nation—the genealogy of our forgotten country—through the cosmic perspective revealed in *Hwandan Gogi*.

본론 2

『환단고기』의 문화 정신

『환단고기』의 구성과 저자

『환단고기』는 천년의 세월에 걸쳐서 다섯 분이 쓴 책입니다. 안함로安含老, 원동중元董仲의 『삼성기三聖紀』 상·하, 또 마흔일곱 분 단군의 2,096년 역사를 쓴 행촌杏村 이암李嵒의 『단군세기檀君世紀』, 그 다음에 부여사의 전체를 바로 세운 복애거사休崖居士 범장范樟의 『북부여기北夫餘紀』, 그리고 인류의 창세역사와 한민족 시원 역사 문화의 온전한 틀을 완전히 잡아주는 진실로 놀라운 충격의 역사서인 일십당一十堂 이맥李陌의 『태백일사太白逸史』로 되어 있습니다.

『환단고기』는 크게 보면 네 권이고, 전체로는 열세 권입니다. 그 첫 번째 책이 신라의 대고승 안함로安含老(579~640)라는 분이 쓴 『삼성기전』 상편입니다. 저자는 유불선과 고전 역사를 통관한 당대 최고 지성인입니다.

그 외에도 『환단고기』 속의 모든 책들이 당대 최고의 지성인들이 쓴 책입니다. 그러기 때문에 『환단고기』 원전을 읽을 때는 "신라 또는 고려, 조선왕조를 직접 다스리면서 그 문화를 대변한 최고의 지성의 안목으로 우리가 이 책을 읽는다" 하는 마음으로 한 구절, 한 구절을 읽어야 한다고 봅니다.

안함로 | 579~640. 『삼성기』 상 지음. 유불선을 모두 회통하고 수나라 유학까지 한 당대 최고의 지성
Anhamro | 579-640. Author of *Samseong Gi I*. The greatest intellect of his time, who traveled as far as the Sui Dynasty for his studies. He was a master of the three philosophies of Confucianism, Buddhism, and Immortalism.

Section 2

Hwandan Gogi's Cultural Spirit

The Composition and Authorship of Hwandan Gogi

Hwandan Gogi is a book written by five people over a thousand years. It consists of *Samseong Gi*, Volumes 1 and 2, by Anhamro and Won Dong-jung; *Dangun Segi*, by Master Yi Am, which covers the 2,096-year history of the forty-seven *dangun* rulers; *Buk Buyeo Gi*, compiled by Beom Jang, which covers the entire history of Buyeo; and *Taebaek Ilsa*, by Master Yi Maek, an astonishing text through which we can grasp the complete truth of humanity's foundational history and the original history and culture of the Korean people.

Broadly speaking, *Hwandan Gogi* has four volumes; but in total, there are thirteen parts. The first is *Samseong Gi I*, written by Anhamro (579-640) of Silla. He was the greatest genius of his time regarding Confucianism, Buddhism, and Immortalism and the history of the Classics.

In addition, all the books of *Hwandan Gogi* were written by the greatest intellects of their respective eras. Therefore, when reading the original text of *Hwandan Gogi*, we should try to do so phrase by phrase, bearing in mind that we are directly reading a text filled with the discerning insights of the greatest intellects of the cultures of the Silla, Goryeo, and Joseon dynasties.

'오환건국'의 의미

자, 『삼성기전』 상편의 첫 문장을 볼까요. 첫 문장이 참 근사합니다. 이 한 구절만 읽어도 우리는 인간으로서 정말 멋있게 다시 태어나는 것입니다. 다 함께 읽어볼까요?

> 오환건국 최고
> 吾桓建國이 最古라.
> 유일신 재사백력지천 위독화지신
> 有一神이 在斯白力之天하사 爲獨化之神하시니
> 광명조우주 권화생만물
> 光明照宇宙하시고 權化生萬物하시며
> 장생구시 항득쾌락
> 長生久視하사 恒得快樂하시며
> 승유지기 묘계자연
> 乘遊至氣하사 妙契自然하시며
> 무형이현 무위이작 무언이행
> 無形而見하시며 無爲而作하시며 無言而行하시니라.

지금 『환단고기』의 짧은 이 첫 문장을 제대로 해석할 수 있고, 그 경계를 온몸으로 느끼고, 심법으로 역사 정신을 체득했다고 하면 『환단고기』의 근본 대의를 다 안 것과 같습니다.

'오환건국吾桓建國이 최고最古라!' '우리 환이 나라를 세운 것이 가장 오래되었다.' 내내 환국 소식을 얘기하고 있는 것입니다. 우리가 『삼국유사』 「고조선」기를 보면 크게 세 부분으로 이루어졌는데, 그 근본은 '석유환국昔有桓國'으로 단군조선의 역사는 환국에서 왔다는 것입니다. '옛적에 환국이 있었다.' 환국의 정신을 전해주는 인간론, 신관, 우주관을 근거로 해서 인류의 창세역사, 한민족의 시원역사의 첫 시대를 선언하고 있습니다.

The Meaning of: "We, the Hwan People, Founded the Most Ancient of All Nations"

Now, let's look at the first passage of *Samseong Gi I*. The first passage is truly wonderful. By merely reading this first passage, we are reborn as the most beautiful of human beings. Let's read it together.

> We, the Hwan people, founded the most ancient of all nations.
>
> The One Spirit dwells in radiant heaven and is the sole source of cosmic creation-transformation. It enlightens the cosmos with radiance, engenders all things using the supreme power of creation-transformation, exists eternally, and dwells in perpetual bliss.
>
> The One Spirit plays, riding the ultimate *qi*, and is one with nature, which is what-is-so-of-itself in mysterious ways.
>
> The One Spirit appears without form, creates without action, and works without words.

Now we can analyze in detail this short first section of *Hwandan Gogi* by becoming completely immersed within it and adopting a firm resolve to directly experience the soul of history. In doing so, we will understand the fundamental great purpose of *Hwandan Gogi*.

"We, the Hwan people, founded the most ancient of all nations"! This is a statement regarding the true history of the Hwanguk state. Though the "Gojoseon" chapter of *Samguk Yusa* contains three main sections, it was the passage "Long ago there was Hwanguk" that demonstrated the history of Dangun Joseon dating back to Hwanguk. "Long ago there was Hwanguk" was a declaration of the first era of the foundational history of humankind—of the archetypal Korean history—resting upon on a view of humanity, theology, and cosmology that conveyed the ethos of Hwanguk.

그런데 이 안에 보면 첫 두 글자 오환吾桓, '나 오吾' 자! '우리 오吾' 자인데 '나는 환桓이다.' 즉 '나는 우주 광명光明이다.' '너도 환이다, 너도 우주 광명 그 자체다.' '오환, 우리 모든 인간은 우주 광명 자체'라는 것입니다. 바로 이 오환 속에 오늘의 우리 한민족, 한국, 대한의 근원이 있습니다. 우주광명을 체험한 최초의 우리들의 조상, 인류 최초의 첫 나라를 건국한 우리 한민족, 또 동시에 인류의 첫 조상인 환족이 우리 대한의 본래 근원입니다.

오늘 이 자리에서 우리는 『환단고기』 첫 문장을 함께 읽고 있는 기쁨을 나누고 있습니다. 이 자리에 앉아 계신 우리 동포들, 또 지구촌에서 앞으로 이 말씀을 듣는 모든 분들이 볼 때, '오환' 이것은 단순히 보통 동방의 한국 사람이 쓴 한국의 역사 문서의 한 구절이 아니고, 보편적인 인간 선언이라는 것을 깨닫게 될 것입니다. 창세 인간으로부터 이 지구가 없어지는 그 순간에 존재하는 미래 인간에 이르기까지 모든 인간에 대한 영원한 인간 선언입니다. 이것은 팔만대장경, 어떤 종교 경전이나 동서 철학서의 그 어떤 선언보다 더 위대하고 간결하며 너무도 강력한 것입니다. 인간에 대해 이보다도 더 근원적이고 숭고한 위격 선언은 있을 수가 없다고 봅니다.

오환건국이 최고라! 오환은 인간에 대한 정의입니다! 나와 너, 우리 모두는 바로 우주광명 자체, 즉 살아있는 우주 그 자체라는 것입니다. '오환건국', 우리는 대우주의 생명과 신성과 조화와 대광명, 그 자체의 인간이 되어서 나라를 열었습니다. 그렇다면 지금보다 살기가 백 배, 천 배, 만 배, 억만 배 이상 더 좋았을 것 아닙니까? 대우주 광명 자체가 되어서 살았던 사람들이 바로 환국을 열었다는 것입니다.

However, look more closely at the first part of this passage: "We, the Hwan people." To say this is to say, "I am Hwan, the cosmic radiance. You are also Hwan, the cosmic radiance itself. We, the Hwan people—we, all of humanity—are cosmic radiance itself." In fact, this statement, "We, the Hwan people," conveys the foundation of the Korean people, the Korean state, and Daehan. Our ancestors, who first experienced cosmic radiance; we, the Korean people who established the first state among all humanity; and, at the same time, the Hwan people who were the first ancestors of humankind—these were the original foundation of our Daehan.

In this place today, we are sharing the joy of reading the first passage of *Hwandan Gogi*. When I contemplate our compatriots sitting here and all those who have come from around the world to hear these words, I realize that "We, the Hwan people" is not simply a phrase from Korean historical documents written by ordinary Korean people of the East, it is a universal declaration of humanity. It is an eternal proclamation of all humankind, from primordial humanity to those future beings who will exist when this earth ceases to be. This is something greater, more concise, and far more powerful than any other declaration, be it from the Tripitaka or some other religious scripture or philosophy, Western or Eastern. A more fundamental, sublime, or essentially divine declaration of humanity does not exist.

"We, the Hwan people, founded the most ancient of all nations"! "We, the Hwan people" is, by definition, humanity! You and I are, in fact, all cosmic radiance ourselves; we are the living universe itself. "We, the Hwan people, founded the most ancient of all nations" means we became human beings who were themselves the great radiance, living in harmony with the divinity and life of the great cosmos, who founded a country. Doesn't this concept make life one hundred times, one thousand times, ten thousand times, even one hundred thousand times better? The people who created Hwanguk were in fact them-

> **오환吾桓**
> 우리 모두는 환桓이다. 모든 인간은 우주광명 그 자체다.

우리 역사의 모든 원형은 한 글자로 바로 우주광명 '환'입니다. 『환단고기』라고 하는 우리 한민족과 인류 문화의 창세역사서가 전하는 소식은 '밝을 환桓' 자 한 글자에 있습니다. 역사의 과거, 현재, 미래 영원한 인생의 주제, 삶의 목적, 역사의 궁극 목적지라는 것은 우주광명의 '환'을 회복하는 것이라고 말할 수 있습니다. 얼마나 단순한가요?

대우주를 채우고 있는 이 광명이라는 것. 우리가 수행을 하고, 기도를 하고, 독서를 하고, 문화를 공부하는 것은 바로 우리 내면세계에 있는 이 우주광명을 가로막는 어두움과 무지를 몰아내는 것입니다. 우리는 그 어둠과 무지를 걷어내기 위해서 지금 이 자리에 모였습니다.

> **환桓**
> 『환단고기』의 한 소식은 '밝을 환桓' 한 글자에 있다.

'환'이 말하는 광명이란

그러면 이 광명의 실체가 무엇인가? 이 우주를 채우고 있는 대광명의 정체가 무엇인가?

그 다음 구절이 바로 이것을 이야기하고 있습니다.

'유일신有一神이 재사백력지천在斯白力之天하사!'

'일신'이라는 대우주의 어떤 신이 있는데 이 신이 우주의 광명이라는 것입니다. 이 우주의 광명 자체가 모든 종교에서 말하는 조물주, 신, 하나님이라는 것입니다.

서양의 기독교 문화의 근거인 유대족의 구약의 창세기하고는 전혀 다릅

selves the radiance of the great cosmos.

> **"We, the Hwan people"**
> We are all Hwan. All people are cosmic radiance itself.

Our entire archetypal history can be expressed with one word, *hwan*, the cosmic radiance. The message conveyed by *Hwandan Gogi*, this document of the Korean people that details human culture's foundational history, lies in the word *hwan*, meaning "radiance." We can say that in history's past, present, and future, the eternal focus of human life—the goal of living and the ultimate destination of history—is the attempt to recover this *hwan* of the cosmic radiance. Isn't it simple?

Radiance fills the greater cosmos. When we meditate, pray, read, and study culture, we are in fact purging the ignorance and darkness that obstructs the cosmic radiance in our internal world. In fact, we have now met in this place in order to strip away that darkness and ignorance.

> All knowledge contained in ***Hwandan Gogi*** is contained in the one Hanja character ***hwan***.

The Radiance Contained in the Term 'Hwan'

Then what is the reality of this radiance? This great radiance that suffuses the cosmos—what is its true nature?

The next passage in *Samseong Gi I* speaks to this: "The One Spirit dwells in radiant heaven…."

There is a God of the greater cosmos called the 'One Spirit.' This God is itself the radiance of the cosmos. The true nature of cosmic radiance is described in many religions as the 'Creator,' 'God,' or 'the One.' It is completely different from that of the Jewish people's Genesis in the Old Testament, which is the basis of Western Christian culture. They said

니다. 그 사람들은 빛이 있으라 하니 빛이 창조되었다는 것입니다. 그런데 동방의 원형문화에서 보면 이것은 사리에 맞질 않습니다. 그것은 이원론이기 때문입니다. 이것은 현대 과학에서도 부정되고 있는 것입니다. 그것은 '자연의 이치가 아니다.'라는 말입니다. 동방 문화에서는 우주라는 것은 본래 일광명一光明으로 꽉 차 있는 것입니다. 『태백일사』「삼신오제본기」 첫 단락을 보면 '상하 동서남북에 지일광명의只一光明矣러라!', 우주는 원래 한 광명으로 꽉 차 있다는 것입니다. 시작과 끝이 없다는 것입니다. 어둠에서 빛이 나온 것이 아니라는 것입니다.

'자, 이것이 바로 신이다. 우주의 광명이 바로 신이다.' 그런데 이 신이 '재사백력지천在斯白力之天하사 위독화지신爲獨化之神하시니', 아주 밝고 밝은 하늘에 계셔서 홀로 조화를 부리는 신이 되셨다는 것입니다. '신은 스스로 있는 자다.' '나는 스스로 있는 자다.' 그런 말씀처럼 대우주의 광명 그 자체이신 신이 스스로 조화造化를 부리는 신이 되셨다는 것입니다.

동양은 그 문화의 상징어가 창조가 아닌 조화입니다. 서양은 창조라는 말을 쓰는데, 창조는 이원론을 전제로 하는 것입니다.

그리고 '광명조우주光明照宇宙하시며', 이 우주의 신의 광명은 온 우주를 비춥니다. 그리고 '권화생만물權化生萬物하시며 장생구시長生久視하사', 그 권능의 조화로 만물을 생한다는 것입니다. 장생구시는 신이 몇 년 살다가 죽는 것이 아니고 영원히 존재하신다는 것입니다. '항득쾌락恒得決樂하시며', 늘 즐거움을 누리십니다.

'지기'의 비밀

'승유지기乘遊至氣하사', 이것이 환국을 체험하는 결정적인 진리의 천지 비밀 코드라 할 수가 있습니다. '지기至氣를 타고 노신다.' 그 지기를 타고 놀아야 대우주의 광명인간이 됩니다, 영원한 생명을 받아서 영원한 생명을

radiance arose thusly: "Let there be light: and there was light." But if we look at the archetypal culture of the East, this is illogical. That's because it is dualism. This is something that modern science has also repudiated, saying, "This is not the principle of nature." In Eastern culture, this thing called the 'cosmos' was originally filled with a single radiance. *Samsin Oje Bongi* in *Taebaek Ilsa* reads: "... above, below, or in the four directions. There has always only ever been a single radiance!" The cosmos was suffused with a single radiance. It is without beginning or end. It is not a light that emerged in the darkness.

So, that is God. Cosmic radiance is, in itself, God. However, this God "dwells in radiant heaven and is the sole source of cosmic creation-transformation." It is sublimely bright and exists in bright heaven; and thus, it became, of its own accord, the God who commands creation-transformation. 'God exists in and of itself' and 'I exist in and of myself'—as in these expressions, the God who is itself the radiance of the greater cosmos gained command of creation-transformation of its own accord.

In the East, the symbolic term representing this concept is not 'creation,' but 'creation-transformation.' The West uses the word 'creation.' However, creation requires duality.

Moreover, God "enlightens the cosmos with radiance," "engenders all things using the supreme power of creation-transformation" and "exists eternally." It uses its power of creation-transformation to give life to all things and, as God, does not merely live for some years and then die, but exists for all time and "dwells in perpetual bliss."

The Secret of Ultimate Qi

"The One Spirit plays, riding the ultimate *qi*...." We can say that this passage is a secret code of heaven and earth for experiencing the decisive truth of Hwanguk. Only by playing while riding this ultimate *qi* can we become humans of the great cosmic radiance and receive eter-

다스리는 우주의 주인이 됩니다, 영생의 존재로 태어납니다.

그렇다면 그 지기는 무엇인가?

동서 문화론을 종합해서 공부한 사람들은 지기가 무엇인지 스스로 느끼고, 판단하게 됩니다. 『환단고기』는 '이 우주의 조물주 신과 우주의 생명력인 기와의 관계를 최초로 정의 내린 책이다'입니다. 모든 종교와 동서 어떤 사상이나 오늘의 지구촌 첨단 과학자들에게도 부족한 사고를 채워주는, 진실로 놀라운 인류의 원형사상과 문화가 『환단고기』에 정리되어 있습니다.

'승유지기', 지기를 타고 노시며 '묘계자연妙契自然'하십니다. '오묘히 스스로 그러하매 대자연의 법칙에 하나가 되어 만물을 낳아서 기른다'는 말씀입니다. 이 말씀에 따르면, 지기는 결론적으로 '인간과 문명과 자연이 개벽이 되어 완전히 새롭게 태어나는 우주의 조화세계, 우주의 절대 조화생명의 세계'입니다. 불가의 유식론唯識論으로 해석하면, 어떤 절대 순수의 세계가 있다는 말입니다. 이것이 동양문화에서 가장 어려운 우주론의 핵, 노른자인 율려律呂의 세계입니다. 우주 율려! 대우주를 태어나게 하고, 살아있게 하며, 우주를 돌아가게 하는 우주 생명의 근원, 뿌리, 핵, 핵심체, 즉 우주 본체세계, 이것이 율려입니다. 지기가 곧 이 율려인 것입니다.

우리 한민족의 환국이 어떤 나라, 어떤 문화권이었는지를 안함로라는 분이 도통道通을 해서 알았기 때문에 그 '지기'라는 말을 쓸 수 있었던 것입니다. 안함로 선생이 '오환건국이 최고라!'는 이 구절에 『환단고기』 9천 년 역사의 모든 것을 압축하셨습니다. 『환단고기』 역사관의 핵이 '오환건국이 최고라!'는 이 구절입니다. 네 글자 '오환건국', 두 글자 '오환'으로 안함로

nal life, becoming lords of the universe who have mastery over eternal life and who are reborn as immortal beings.

Then what is this "ultimate *qi*"?

Those who have studied the cultural theories of the East and West can feel and judge for themselves what the ultimate *qi* is. They say that *Hwandan Gogi* is the first book to define the relationship between the divine creator of this universe and the cosmic life force, *qi*. The truly astounding archetypal ideas and cultures of humankind are summarized in *Hwandan Gogi*, which fills the gaps in all religions and forms of thought, both Eastern and Western, even for today's foremost scientists.

"The One Spirit plays, riding the ultimate *qi*, and is one with nature, which is what-is-so-of-itself in mysterious ways." That is to say, 'In a profound and mysterious manner, the One Spirit itself becomes a law of nature and, in doing so, gives birth to and raises all things.' According to these words, the ultimate *qi* is the absolute realm of the cosmic life force of creation-transformation that is fundamental for humankind, civilization, and nature to undergo their own *gaebyeok*—to be completely reborn. If we analyze this in terms of Yushik ["Consciousness Only"] Buddhist theory, this would mean a world of absolute purity. This is the core element, the heart of Eastern cosmology that is most difficult to grasp: the realm of *yullyeo*. The cosmic *yullyeo*! This is the origin of cosmic life—the root, the essence, and the essential element of life that gives birth and life to the greater cosmos and causes it to change. The ultimate *qi* is *yullyeo*.

The one called 'Anhamro' was able to apply the concept of 'ultimate *qi*' in his writing because he had gained enlightenment into the nature and cultural origin of Hwanguk, the land of the Korean people. Through this passage, "We, the Hwan people, founded the most ancient of all nations," Master Anhamro distilled the nine thousand years of history contained within *Hwandan Gogi*. This phrase, "We, the Hwan people, founded the most ancient of all nations," is the es-

선생이 우리나라의 9천 년 역사를 다 찾아버리셨습니다.

그리고 천지조화 광명 세계의 경계를 두 글자, '지기'로 요약하신 것입니다. 왜? 안함로 선생 자신이 지기를 타고 우주를 활보하고 다니셨기 때문입니다. 승유지기라는 놀라운 천지 조화도통의 자리에 우뚝 선 그 경계에서 환국 문화의 참모습을 노래하셨습니다.

자! 이제 「삼성기전 상편」 첫 단락을 살펴봤습니다. 환국의 문화는 우리가 늘 생각을 해야 합니다. 깊이 한 번 묵상도 해야 하고, 환국에 대한 총체적인 문화 정보를 늘 들으려고 해야 합니다. '모든 종교와 첨단 과학문명의 목적지가 여기에 있구나. 모든 종교의 수행과 기도, 깨달음의 근원과 원형 문화가 여기에 있구나!' 이런 반듯한 생각을 하고 『환단고기』를 읽어야 합니다.

인류의 첫 조상, 나반과 아만

「삼성기전 하편」으로 들어가 보겠습니다. 자! 다 함께 읽겠습니다.

인 류 지 조 　 왈 나 반
人類之祖를 曰那般이시니
초 여 아 만 　 상 우 지 처 　 왈 아 이 사 비
初與阿曼으로 相遇之處를 曰阿耳斯庀라.
몽 득 천 신 지 교 　 이 자 성 혼 례
夢得天神之教하사 而自成昏禮하시니
즉 구 환 지 족 　 개 기 후 야
則九桓之族이 皆其後也라.

여기서는 인류의 아버지, 어머니가 되는 지구촌 인류의 첫 조상을 첫 이야기로 해서 우리의 역사를 이야기하고 있습니다.

sence of the historical perspective within *Hwandan Gogi*. With this passage, Master Anhamro revealed the entire nine thousand years of our country's history.

Moreover, using the two words "ultimate *qi*," he defined the boundaries of the realm of cosmic radiance and creation-transformation.

How was he able to do so? Master Anhamro could do so because he himself rode the ultimate *qi* and roamed the cosmos. Having attained enlightenment into the creation-transformation of heaven and earth, he proclaimed the true form of Hwanguk's culture.

So! We have now examined the first paragraph of *Samseong Gi I*. We must constantly ponder Hwanguk's culture. We should meditate deeply for a time and always keep an ear out for general information about Hwanguk's culture. This is the final destination of all religions and cutting-edge scientific civilizations. This is the foundation and archetypal culture of all meditation, prayer, and enlightenment in every religion! We must read *Hwandan Gogi* while maintaining this steadfast mentality.

Naban and Aman: The Ancestors of Humankind

Now, let's turn to *Samseong Gi II*. Okay! Let's read it together.

> The ancestors of humanity were Naban and Aman, who met for the first time in Aisabi.
>
> After Sangjenim, the Supreme Being in Heaven, guided them in their dreams, they wed in a ceremony of marriage.
>
> All the people of the Nine Hwan Clans were their descendants.

Here we read our history: the first story of our first ancestors, the mother and father of humankind. Humanity's very first parents were Naban and Aman. Naban and Aman are the root words of *abeoji* ["fa-

인류 최초의 부모가 나반那般과 아만阿曼입니다. 나반과 아만이 아버지, 어머니, 아빠, 엄마라는 언어의 근원입니다. 동서 언어의 체계에서 보면 모체 언어가 있습니다. 특히 아버지와 어머니에 대한 호칭을 보면, 서로 다른 언어지만 그 호칭이 거의 비슷합니다. 히브리어가 그렇고, 중국어라든지, 영어라든지, 스페인어라든지. 파더, 마더, 파드레, 마드레, 등등.

모체언어	나반(那般)	아만(阿曼)
한국어	아빠	엄마
수메르어	압바(abba)	아마(ama)
히브리어	아바	이마
중국어	빠바(爸爸)	마마(媽媽)
영어	파더(father)	마더(mother)
스페인어	빠드레(padre)	마드레(madre)

역사를 보면 인류는 부족, 민족, 연합체 등등 숱한 층을 이루고 있는데, 오늘의 70억 인류는 근원이 되는 아버지, 어머니인 나반과 아만의 후손이라는 것입니다. 그러니까 '구환지족九桓之族이 개기후야皆其後也니라.' 해서, 지구촌에 아홉 개의 환족이 살았는데 모두가 나반과 아만의 후손이라는 것입니다.

「삼성기전 하편」을 보면 환국 문화의 문화코드라는 것은 "인류는 한 형제다."라는 '구환일통九桓一統' 사상입니다. 태초 인류의 광명문화에서 최초의 나라가 한 근원에서 시작이 되었고, 그 후 한 형제 문화권에서 틀이 잡혔다는 것입니다. 이것을 나타내주는 것이 지구촌 곳곳의 거석巨石 문화입니다.

우리나라를 비롯한 동북아에는 고인돌 형태의 거석이 주를 이루고, 유럽에는 고인돌만 아니라 앞서 살펴본 스톤헨지 같은 환상 열석도 많이 있습

ther"], *eomeoni* ["mother"], *abba* ["dad"], and *eomma* ["mom"]. If you examine the language systems of the East and West, there is a parent language. In particular, although each language is different, the names for 'mother' and 'father' are very similar. This is the case in Hebrew, Chinese, English, Spanish, and so forth. Consider 'father,' 'mother,' '*padre*,' and '*madre*,' for instance.

Names for 'Father' and 'Mother' in Different Languages

Root language	Naban	Aman
Korean	Abba	Eomma
Sumerian	Abba	Ama
Hebrew	Aba	Ima
Chinese	Bbaba	Mama
English	Father (Papa)	Mother (Mama)
Spanish	Padre	Madre

If we examine history, we see that humanity has had many tribes, ethnic groups, alliances, and so forth. However, today's seven billion human beings are the descendants of the founding mother and father, Naban and Aman. Therefore, the statement "All the people of the Nine Hwan Clans were their descendants" means that although the Nine Hwan Clans live around the world, all are descended from Naban and Aman.

Samseong Gi II reveals the cultural code of Hwanguk culture: *guhwan iltong* ["nine *hwan* united as one"], meaning 'all human beings are brothers and sisters.' In the culture of radiance during the earliest age of humanity, the first state began from a single origin, after which a framework was established within a broader brotherly cultural sphere. This is demonstrated by the megalith culture found worldwide.

In Northeast Asia, including Korea, megaliths of the dolmen form predominate; while in Europe, there are not only dolmens but also many stone circles, such as Stonehenge. Some of the megaliths are also

니다. 거석들 중에는 하늘에 제사를 지낸 천제 문화와 연관된 것도 있습니다.

지구촌 동서에 보편적으로 있었던, 하늘에 감사하고 제를 지낸 천단문화는 '나는 하나님과 한 마음이다.' 즉 '내 몸과 마음과 영성은 하나님 자체'라는 것입니다. 더 이상이 없습니다. 인류의 깨달음이 아무리 지극한 경계에 간다고 할지라도 환국의 바로 이런 우주관, 인간론, 신관을 넘어설 수가 없습니다.

환국의 문화코드

구환 일통
九桓 一統

전 인류(九桓)는 한 형제(一統)

행촌 이암의 『단군세기』

자, 그러면 이제 『환단고기』의 진짜 맛을 한 번 볼까요. 그것은 우리 역사의 진수인 환국과 배달의 문화 역사를 계승하여 동방의 거대한 제국의 나라 틀을 갖춘 단군조선에 대한 기록입니다.

우리가 단군 조선의 역사적 실체는 직접 중국과 러시아, 유럽을 가봐야 제대로 볼 수 있습니다. 2천 년 옛 조선 역사의 틀을 세운 분이 바로 고려 공민왕 때의 행촌杏村 이암李嵒(1297~1364)입니다. 원나라에 의해서 고려 왕조가 다 무너져 내려 어둠 속으로 사라지는 그때, 여섯 임금을 모시고 재상 노릇을 한 분이 행촌 이암

related to celestial rites culture and were sites where offering rituals were performed to heaven.

In this heaven altar culture, which was common globally in both the East and West, offering rituals were performed to give thanks to heaven based on an understanding that God and the individual are of one mind. In other words, 'My mind, body, and soul are God himself.' There is nothing else. No matter the extremes to which human enlightenment may go, it cannot move beyond this cosmic viewpoint, this conception of humanity, and this theological perspective of the Hwanguk nation.

> **The Hwanguk Cultural Code**
> 九桓一統 Nine Hwan One Lineage
> All humans share one brotherhood.

The Dangun Segi of Master Yi Am

Now then, shall we get a true taste of *Hwandan Gogi*? This is a record of Dangun Joseon [ancient Joseon], a country that inherited the culture and history of Hwanguk and Baedal—[states that represent] the essence of our history—and became the great empire of the East.

To properly see the historical reality of Dangun Wanggeom's Joseon, we must go directly to China, Russia, and Europe. It was, in fact, Master Yi Am (1297-1364) who, in Goryeo during the reign of King Gongmin, established the framework for the two-thousand-year history of ancient Joseon. Master Yi Am was a scholar who served as prime minister to six kings, at a time when the Goryeo Dynasty had been brought down by the Yuan Dynasty and had descended into dark-

행촌 이암李嵒 | 1297~1364. 여섯 임금(26세 충선왕~31세 공민왕)을 모심. 공민왕 때 문하시중門下侍中(국무총리 격) 역임.

Master Yi Am | 1297-1364. Served under six kings (King Chung-seon, the twenty-sixth, to King Gong-min, the thirty-first). Served as prime minister during the reign of King Gongmin.

선생입니다. 이분이 당대의 최고 지성으로 그 학덕이 어느 정도였는지, 그 경지가 이 양반이 세상을 떠나기 일 년 전에 한민족에게 역사 유언으로 남긴 『단군세기』 서문에 들어있습니다.

『단군세기』 서문 - 왜 역사학이 중요한가

오늘 여러분이 『단군세기』 서문에서 『환단고기』의 대한사관의 대의를 제대로 깨치신다면 "정말로 이것은 큰 보람 있는 시간이다. 소중한 시간이다." 이렇게 생각을 합니다. 자, 『단군세기』 서문을 한 번 큰 소리로 함께 읽어가면서 그 대의를 정리해 보겠습니다.

> 위국지도 막선어사기 막급어사학 하야
> 爲國之道가 莫先於士氣하고 莫急於史學은 何也오
> 사학 불명즉사기 부진
> 史學이 不明則士氣가 不振하고
> 사기 부진즉국본 요의 정법 기의
> 士氣가 不振則國本이 搖矣오 政法이 歧矣니라.

여기서 이 양반의 제 일성一聲이 뭐냐면, '위국지도爲國之道'를 이야기하고 있습니다. 나라를 다스리는 도가 무엇인가? 이것입니다. '위국지도爲國之道가 막선어사기莫先於士氣하고 막급어사학莫先於史學은 하야何也오.' (나라를 다스리는 도가) 사기를 진작하는 것보다 우선이 없고 역사를 바르게 배우는 것보다 더 급한 게 없다는 것입니다.

'사학史學이 불명즉不明則', 역사학이 명료하지 못하면, 즉 역사를 배우는 역사공부가 제대로 되어 있지 않으면, '국본國本이 요의搖矣요', 나라의 근본이 흔들리고, '정법政法이 기의歧矣라', 나라를 다스리는 일이 갈라진다는 것입니다.

ness. As the greatest intellect of his time, he possessed a scholarly virtue that is evident in the Preface to *Dangun Segi*, which he left as a historical testament to the Korean people a year before departing this world.

The Preface to Dangun Segi – Why the Study of History Is Important

Today, after grasping the grand purpose of *Hwandan Gogi*'s Daehansagwan ["Great Korean Historical Perspective"], conveyed in the Preface to *Dangun Segi*, we realize, "We live in a truly fruitful era. It is a precious time." Okay, let's read the Preface to *Dangun Segi* together with enthusiasm, then try to analyze that great cause.

> When it comes to ruling a state, why is nothing more crucial than the scholar's unyielding vigor or more urgent than bringing to light the state's history?
>
> If history is not clearly established, the scholar's unyielding vigor is not aroused.
>
> If the scholar's unyielding vigor is not aroused, the foundation of the state will waver and the governing laws of the country will lack consistency.

Here we will discuss the meaning of the author's sub-heading: "The Fundamental Way to Rule a State." What is this method of state rule? "When it comes to ruling a state, why is nothing more crucial than the scholar's unyielding vigor or more urgent than bringing to light the state's history?" When governing a country, there is nothing more important than stimulating the spirit of the scholar, and nothing more urgent than learning history correctly.

"If history is not clearly established"—if history cannot be clarified; that is, if the study of history cannot properly discern true history—"the foundation of the state will waver." This means that the country's foundations will weaken and hence "inconsistencies will emerge in the

여기서 '국본이 요의요', 나라의 근본이 요동친다는 것은 무엇인가? 그 궁극은 『환단고기』를 많이 읽다 보면 스스로 절감을 하게 됩니다. 그것은 나라가 패망 당한다는 말입니다. 지금 고려가 망하는 것을 이 양반은 온몸으로 마치 지진이 나는 것처럼 느끼고 있는 것입니다. '고려 왕조가 망하는구나!'

우리가 동북아의 역사 주인 자리에 서지 못하고 있는 오늘날 동북아 역사전쟁의 암울한 미래를 보면서, 또 한 번 더 강력하게 '우리가 역사의 패망을 눈앞에 두고 있지 않은가?' 하는 심려를 느끼게 됩니다.

그 다음 제2구를 보면 사학의 법을 얘기하고 있습니다. 다 함께 읽어 볼까요.

개사학지법 가폄자폄 가포자포 형량인물
蓋史學之法이 可貶者貶하고 可褒者褒하야 衡量人物하고
논진시상 막비표준만세자야
論診時像하니 莫非標準萬世者也라

역사학의 법이 무엇인가? 역사를 공부하는 정법은 무엇인가? '포폄褒貶의 도다', 이것입니다. 제대로 평가해서 올려주는 것, 그리고 깎아내리고 비판하는 것, 이것을 잘 헤아려야 한다는 것입니다. '형량인물衡量人物하고 논진시상論診時像하니.' 인물을 형량한다는 것은 저울질한다는 것입니다. "이 사람은 어떤 인물이다, 어떤 가치관과 사상을 가지고 있구나." 하고. 그리고 '논진시상'은 시대의 대세에 대한 흐름을 논하고 비판한다는 의미입니다.

우리가 시대의 대세가 지금 어디에 와 있다, 그걸 평하고 진단하는 것은 바로 '막비표준만세자야莫非標準萬世者也라', 만세의 표준이 아닐 수 없다는

governing laws of the country," which is to say there will be disruption in the work of governing the country.

What does "the foundation of the state will waver" mean in this instance? Ultimately, if you read *Hwandan Gogi* many times, you can feel this acutely. It means that the country will be defeated. The author sensed, with a tremor like an earthquake throughout his body, that Goryeo was about to collapse. 'The Goryeo Dynasty will collapse!'

Looking today at the gloomy future of the history war in Northeast Asia, a situation in which we will be unable to stand as the historical masters of Northeast Asia, I once again wonder, with grave concern: are we not on the verge of a historical defeat?

We will next look at section two [of the Preface to *Dangun Segi*, "The Importance of History"] and discuss the correct approach to history. Shall we read it together?

> In general, the correct approach to history is to weigh and evaluate individuals and discuss and diagnose the characteristics of an era by denouncing that which deserves criticism while praising that which is worthy of praise. This approach never fails to set the standard for the study of history throughout the ages.

What is the correct approach to history? What is the formula for the study of history? It is this: 'discuss and diagnose.' To properly evaluate and appraise, and to properly devalue and criticize, you must first understand. Since one must "weigh and evaluate individuals and discuss and diagnose the characteristics of an era," to judge someone is to weigh them in the balance. This entails contemplating, 'What kind of person were they, what values and ideas did they have?' To "diagnose the main characteristics of an era" means to discuss and critique the general tendencies of the time.

것입니다. 우리가 역사를 공부할 때는 역사의 인물에 대한 올바른 평가, 즉 포폄褒貶이 있어야 합니다. 잘한 게 있고 잘못한 게 있으니 그것을 중도심법을 가지고 올바르게 평가해야 됩니다.

그다음에는 우리 한민족의 역사를 통탄하면서 각성을 촉구하고 있습니다. 함께 읽어 볼까요?

> 사민지생　궐유구의
> 斯民之生이 厥惟久矣오
> 창세조서　역가정증
> 創世條序가 亦加訂證하야
> 국여사　병존　인여정　구거
> 國與史가 並存하고 人與政이 俱擧하니
> 개자아소선소중자야
> 皆自我所先所重者也라.

'사민지생斯民之生'이라는 것은 백성의 삶, 즉 한민족의 삶이 '궐유구의厥惟久矣요', 참으로 유구하도다. 식민사학자들이 주장하는 2천 년, 3천 년이 아니라는 것입니다. 흔히 반만년 역사라고 하는데, 그것도 아니다! 1만 년 역사를 소급해 가야 한다는 것입니다. 이것을 온 가슴으로 느끼면서 고려 말에 행촌 이암이라는 한민족 역사의 위대한 한 인물이 선언을 하고 있습니다.

'창세조서創世條序가 역가정증亦加訂證하야', 창세의 새로운 역사를 개창한 질서와 여러 제도, 규범이라는 것이 '역가정증', '또 역亦' 자에다 '더할 가加' 자를 썼습니다. 한 글자 한 글자에서 저자의 의지와 뜻과 숨은 생각을 같이 느껴야 합니다. 손을 잡고 맥박을 느끼듯 말입니다. '역가정증하야'에서 정은 '필요 없는 것은 끌로 쪼아내듯 교정을 본다, 정정訂正을 한다'고 할 때처

By evaluating and diagnosing the source of the general tendencies of our era, "this approach never fails to set the standard for the study of history throughout the ages." When studying history, we must give the people of history a proper evaluation and critique. Whether they have done well or made mistakes, we must evaluate them properly in a balanced manner.

What does he say next? He laments the history of the Korean people and urges them to awaken. Shall we read it together?

> Our people have truly existed for long ages, and the record of the order of the establishment and succession of the countries has also been corrected and proven.
>
> Because both a state and its history exist together, and both the people and governance are mentioned together, we should prioritize and treasure all of these four considerations—state, history, people, and governance.

"Our people have truly existed" means that the populace, specifically the Korean people, had existed "from time immemorial"—had truly existed for eons. This is not the two or three thousand years that colonial historians claim. Our history is often claimed to be a five-thousand-year history, but that is not correct either! We must go back ten thousand years of history. This was the wholehearted proclamation made by Master Yi Am, a great figure in the history of the Korean nation who lived at the end of Goryeo.

"The record of the order of the establishment and succession of the countries through history has also been corrected and proven"—this refers to the order, various systems, and norms used to establish a new history during the founding of civilization. You must feel the hidden thoughts, will, and meaning of the author character by character. It's as if we hold his hand and feel his pulse. The phrase "has also been cor-

럼, 잘못된 것을 다 바로 세워서 증명을 했다는 것입니다.

예를 들면 '이때는 환국이다. 환국의 문화와 역사는 뭐다. 그다음에는 환웅의 동방 배달의 역사다. 그리고 그것을 계승한 것이 단군왕검의 조선이다. 수도는 아사달이다.' 이렇게 정증訂證을 한다는 것입니다. 『환단고기』라는 역사서를 읽으면서 그 정증이 된 것을 올바른 비판적인 안목으로 읽을 수 있을 때 우리는 진정한 역사의 주인공이 될 수 있습니다.

'국여사國與史가 병존竝存하고', 나라와 역사가 함께 존재하고, '인여정人與政이 구거俱擧하니', 사람과 정치가 함께 거론되니, '개자아소선소중자야皆自我所先所重者也라.' 그러니까 '우리가 인간으로서 세상을 살면서 잊지 말아야 할 4대 주제가 있다. 그것은 나라와 역사, 그리고 사람과 정치인데, 이 네 가지 모두 우리가 언제나 잊지 말고 그에 대해 성찰해야 하는 인생 공부의 기본 주제다.'라는 말입니다.

> 오호 정유기 인유도 기가리도이존호
> 嗚呼라 政猶器하고 人猶道하니 器可離道而存乎며
> 국유형 사유혼 형가실혼이보호
> 國猶形하고 史猶魂하니 形可失魂而保乎아.
> 병수도기자 아야 구연형혼자 역아야
> 並修道器者도 我也며 俱衍形魂者도 亦我也니
> 고 천하만사 선재지아야
> 故로 天下萬事가 先在知我也니라.
> 연즉기욕지아 자하이시호
> 然則其欲知我인댄 自何而始乎아.

'오호嗚呼라! 정유기政猶器하고 인유도人猶道하니', 정치는 그릇과 같고 사람은 도와 같으니, '기가리도이존호器可離道而存乎'며, 그릇이 도를 떠나서 어찌

rected and proven" in this context means that mistakes have been rectified, as if making corrections by removing anything unnecessary with a chisel—establishing what is correct by righting what was wrong.

For example, we correct and prove history thusly: 'The time was the reign of Hwanguk. Hwanguk's culture and history were such and such. Next came the history of Hwanung's Baedal in the East. And this was succeeded by the Joseon of Dangun Wanggeom. The capital was Asadal.' We can become leading figures of the true history by critically reading, with a discerning eye, the parts of the historical text called *Hwandan Gogi* that have been corrected and proven.

"Because both a state and its history exist together" means that the country and history exist together, and "the people and governance are mentioned together" means that a discussion of the populace must include a discussion of the way they are governed. As a result, "all of these considerations should be prioritized and treasured." This means that therefore there are four themes that we should not forget while living in the world as human beings. They are country, history, people, and politics. We should always contemplate and never forget all four of these fundamental aspects of the study of human life.

> Indeed! Governance is akin to a vessel, and the people are like dao. How can a vessel exist separately from dao?
>
> A state is akin to a body, and the history of the state is like a soul. If a body loses its soul, how can it be preserved?
>
> It is the self that practices dao and polishes the vessel. It is the self that expands the body and the soul concurrently.
>
> Therefore, knowing one's self should precede one's doing any work under heaven.
>
> Yet, where should one start when they desire to know their self?

존재할 수 있는가. '국유형國猶形하고', 나라는 사람으로 말하면 형체와 같은 것, 몸 자체라는 것입니다. '사유혼史猶魂하니', 역사는 혼과 같으니, '형가실혼이보호形可失魂而保乎아', 몸뚱이가 혼을 잃어버리고서 보존이 될 수가 있겠는가.

그리고 '병수도기자竝修道器者도 아야我也며', 그릇과 도를 함께 닦는 것도 나요. '구연형혼자俱衍形魂者도 역아야亦我也라', 구연이란 함께 열어나가는 것, 발전시켜 나가는 것으로 영어로 말하면 익스펜딩expending입니다. '영혼과 몸을 좀 더 넓은 인식의 지평으로 넓혀 나가는 것도 또한 나다.'라는 뜻입니다.

나의 영혼이 정말로 내적으로 개벽이 되어 버리면 형상도 바뀝니다. 사람이 눈동자가 번쩍이고 기상이 있고 아주 의기가 충만하게 바뀝니다. 『환단고기』를 읽어보면 성형 수술할 것이 따로 없습니다. 영혼과 뼈를 수술하고 성형하는 문구가 아주 많이 나와 있습니다.

『단군세기』 서문에서 이 양반이 역사의 근본 문제를 나라와 역사, 인간과 정치라는 4대 주제의 관계에서 고찰하다가 이제 자아의 문제로 가고 있습니다. 자, 같이 읽어볼까요.

'고故로 천하만사天下萬事가', 그러므로 하늘 아래 모든 세상일이, '선재지아야先在知我也니라', 먼저 나를 아는 데에 있다.

'연즉기욕지아然則其欲知我인댄 자하이시호自何而始乎아.' 나를 알려고 할진대 무엇부터 시작해야 하겠는가? 이렇게 질문을 던지고서 이암 이 양반이 삼신일체의 문제를 꺼냅니다.

"Indeed! Governance is akin to a vessel, and the people are like dao." This means governance is a tool to be used for the people. Therefore, "How can a vessel exist separately from dao?" What is the point of a tool if it is not used for its purpose? "A state is akin to a body": when compared to a person, a country is akin to the body itself. "The history of the state is like a soul": history is like a soul, so "If a body loses its soul, how can it be preserved?" Can the body be sustained without its soul?

Also, "It is the self that practices dao and polishes the vessel": it is I who must train to attain dao and refine the tool simultaneously. "It is the self that expands the body and the soul concurrently': this concerns simultaneously broadening outward and developing, hence the word "expanding." This means: I am the one who expands my body and soul via a widened perception.

When one's soul truly opens within them, their form also changes. The person's eyes sparkle, they rise up, and their spirit truly and fully changes.

Reading *Hwandan Gogi* is no different than having reconstructive surgery. There are so many phrases that are like surgery for the bones and the soul.

In the Preface to *Dangun Segi*, the author focuses on four fundamental themes: country, history, humankind, and governance. He then ultimately moves to the question of the self. Now, let's continue reading from there.

"Therefore, all things under heaven"—therefore all affairs throughout the whole world under heaven—"should prioritize self-knowledge"—should begin from a basis of self-awareness.

Where should one start when they desire to know their self? If I want to know myself, where should I start? By raising this question, Master Yi Am introduced the issue of achieving oneness with Samsin.

『단군세기』 서문 - 삼신과 인간의 관계

부 삼 신 일 체 지 도　재 대 원 일 지 의
夫三神一體之道는 在大圓一之義하니
조 화 지 신　강 위 아 성　교 화 지 신　강 위 아 명
造化之神은 降爲我性하고 敎化之神은 降爲我命하고
치 화 지 신　강 위 아 정　고　유 인
治化之神은 降爲我精하나니 故로 惟人이
위 최 귀 최 존 어 만 물 자 야
爲最貴最尊於萬物者也라.

여기 진실로 '『환단고기』가 드러내는 인류 창세역사와 원형문화인 우주 광명 문화의 문화코드는 무엇인가?' 이것에 대해 맛을 한 번 보여주고 있습니다.

자, 여기 보면 '기욕지아其欲知我인댄 자하이시호自何而始乎아.' 우리가 나를 찾아야 되는데 어디서 찾는가?

'부삼신일체지도夫三神一體之道는 재대원일지의在大圓一之義하니', 대저 삼신일체의 도는 어디에 있는가? 그 깨달음의 길, 생명의 길, 도통의 길이 어디에 있는가? 인류 창세원형문화의 황금시절로 돌아가는 진리의 비밀, 역사의 비밀, 원형문화의 비밀이 무엇인가? 그것이 대원일의 뜻에 있다는 것입니다. 대원일? 여기서 탁 걸립니다. '대원일'을 우리말 음사를 달면 '커발환'이라고 합니다. 커발환!

The Preface to Dangun Segi – The Relationship between Samsin and Humankind

> In general, the dao of accomplishing oneness with Samsin lies in the spirit of Greatness, Inclusiveness, and Unity.
>
> The Spirit of Creation-Transformation descends, manifesting as one's Nature.
>
> The Spirit of Edification descends, becoming one's Life.
>
> The Spirit of Governance descends, forming one's Essence.
>
> Thus, humans alone become the most noble and dignified beings among all creatures.

What, in all truth, is the cultural code of the culture of cosmic radiance, the archetypal culture of the foundational history of humanity that is revealed in *Hwandan Gogi*? I will now give you a taste of it.

Here it says, "Where should one start when they desire to know their self?" But where must we go to find ourselves?

"In general, the dao of accomplishing oneness with Samsin lies in the spirit of Greatness, Inclusiveness, and Unity." What is the dao of accomplishing oneness with Samsin? What is the path of realization, the path of life, and the path of enlightenment? What is the secret truth that will enable a return to the golden age of the archetypal culture of humanity—the secret of history and the original culture? This lies in the meaning of 'Daewonil,' the "Spirit of Greatness, Inclusiveness, and Unity." If we say 'Daewonil' in Korean Hangeul, it is 'Keobalhwan.' Keobalhwan!

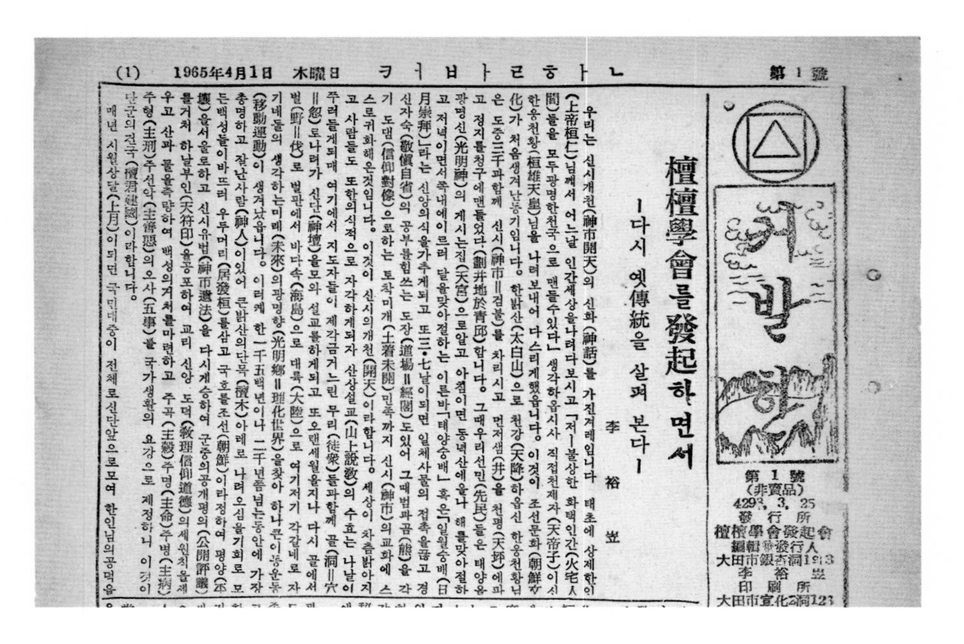

(1) 1965年4月1日 木曜日 ㅋㅓㅂㅏㄹㅎㅏㄴ 第1號

第1號 (非賣品) 429?. 3. 25 發行所 檀檀學會發起會 編輯兼發行人 大田市銀杏洞1?3 李裕岦 印刷所 大田市宣化2洞123

檀檀學會를發起하면서
—다시 옛傳統을 살펴 본다—
李裕岦

우리는 신시개천(神市開天)의 신화(神話)를 가진겨레입니다 태초에 상제한인(上帝桓仁)님께서 어느날 인간세상을나려다보시고 「저-불상한 화택인간(火宅人間)들을 모두광명한천국으로 맨들수있다」 생각하옵시사 직접천제자(天帝子)이신 한웅천황(桓雄天皇)님을 나려보내어 다스리게했읍니다。 이것이 조선문화(朝鮮文化)가 처음생겨난동기입니다。 한밝산(太白山)으로 천강(天降)하옵신 한웅천황님은 도중三千과함께 신시(神市=검불)를 차리시고 먼저샘(井)을 천평(天坪)에파고 정지를청구에맨들었다(劃井地於靑邱)합니다。 그때우리선민(先民)들은 태양을 광명신(光明神)의 계시는집(天宮)으로알고 아침이면 동녁산에올나 해를맞아절하고 저녁이면서쪽내에이르러 달을맞아절하는 이른바「태양숭배」 혹은「일월숭배(日月崇拜)」라는 신앙의식을가추게되고 또三·七날이되면 일체사물의 접촉을끊고 경신자숙(敬愼自省)의 공부를힘쓰는 도장(道場=經閣)도있어 그때범과곰(態)을 각기 도댐(信仰對像)으로하는 토착미개(土着未開)민족까지 신시(神市)의교화에 스스로귀화해온것입니다。 이것이 신시의개천(開天)이라합니다。 세상이 차츰밝아지고 사람들도 또한의식적으로 자각하게되자 산상설교(山上說敎)의 수효는 나날이 주러들게되매 여기에서 지도자들이 제각금거느린 무리(徒衆)들과함께 골(洞=穴=忽)로나려가 신단(神壇)을모와 설교를하게되고 또오랜세월을지나 다시 골에서 벌(野=伐)로 벌판에서 바다속(海島)으로 대륙(大陸)으로 여기저기 각갈네로 자기네들의 생각하는미레(未來)의광명향(光明鄕=理化世界)을찾아 하나큰이동운동(移動運動)이 생겨났읍니다。 이러케 한一千五백년이나 二千년쯤넘는동안에 가장 총명하고 잘난사람(神人)이있어 큰밝산의단목(檀木)아레로 나려오심을기회로 모든백성들이바뜨러 우두머리(居發桓)를삼고 국호를조선(朝鮮)이라정하여 평양(平壤)을서울로하고 신시유법(神市遺法)을 다시계승하여 군중의공개평의(公開評議)를거처 하날부인(天符印)을공포하여 교리 신앙 도덕(敎理信仰道德)의세원칙을세우고 산과 물울측량하여 백성의거처를마련하고 주곡(主穀)주명(主命)주병(主病)주형(主刑)주선악(主善惡)의오사(五事)를 국가생활의 요강으로 제정하니 이것이 단군의건국(檀君建國)이라합니다。

매년 시월상달(上月)이되면 국민대중이 전체로신단앞으로모여 한인님의공덕을

제가 어린 10대 시절 때, 『환단고기』의 우주문화, 우주역사의 큰 진리 틀을 제 가슴에 새겨 준 게 『커발한』 잡지인데 바로 그것을 한자로 쓰면 대원일大圓一입니다.

대원일은 무엇인가? 대우주의 조화주인 삼신이 자기를 현상 세계에 드러낸 것이 바로 하늘과 땅과 인간입니다. 따라서 하늘은 살아있는 삼신이고 또 땅도, 인간도 살아있는 삼신입니다. 살아있는 삼신인 하늘과 땅과 인간은 다 함께 한없이 큽니다. 살아있는 삼신인 하늘과 땅과 인간은 다 함께 한없이 원융무애합니다. 살아있는 삼신인 하늘과 땅과 인간은 다 함께 일체의 관계에서 영원히 존재합니다. 이 삼대三大·삼원三圓·삼일三一사상을 줄여서 대원일大圓一이라 합니다.

『환단고기』의 서문격인 '범례凡例'를 보면 '환국, 배달, 단군조선으로 전해 내려온 삼일심법三一心法이 이 책 속에 들어있다', 그런 얘기를 합니다. 불교 『팔만대장경八萬大藏經』의 심법心法 전수하고도 다릅니다. 『환단고기』가 우주 심법 문화의 원전이요, 역사 경전이라는 것입니다.

커발한大圓一 | 환단고기를 한국 사회에 대중화시킨 이유립 선생이 창간한 〈커발한〉 창간호(1965년)
***Keobalhan*, Daewonil |**
The first issue of *Keobalhan* magazine (1965), published by Master Yi Yu-rip, who was responsible for popularizing *Hwandan Gogi* in Korean society.

When I was in my teens, it was the magazine *Keobalhan* that engraved the truths of *Hwandan Gogi*'s cosmic culture and cosmic history on my heart. The term 'Keobalhan,' [which is otherwise written as 'Keobalhwan,'] is translated as "Daewonil" when written in Hanja characters.

What is this spirit of Greatness, Inclusiveness, and Unity—this Daewonil? Samsin, the cosmic God of Creation-Transformation, takes the form of heaven, earth, and humanity when manifesting in the phenomenal world. Therefore, heaven—the living form of Samsin—is Daewonil, and earth and humans—also the living form of Samsin—are Daewonil. Heaven, earth, and humanity—the living Samsin—exist together in limitless greatness. Heaven, earth, and humanity—the living Samsin—exist together, in complete harmony and without divisions. Heaven, earth, and humanity—the living Samsin—exist together eternally as one complete body. The theory of 'Samdae/Samwon/Samil' ["Three Greats"/"Three Circles"/"Three Ones"] is encapsulated by this concept of Daewonil, the Spirit of Greatness, Inclusiveness, and Unity.

The "Compiler's Preface" of *Hwandan Gogi* states, "The Three-One Mindset is explained in [this book], which has been transmitted down through the Hwanguk (7197-3897 BCE), Baedal (3897-2333 BCE), and Ancient Joseon (2333-238 BCE) dynasties." This is different from the mindset described in Buddhism's *Tripitaka*. *Hwandan Gogi* conveys the original form of the cosmic mindset culture. It is the sacred spricture of history.

하늘과 땅과 인간, 이 셋이 한없이 크고 원융무애하며 일체의 관계에 있다는 대원일을 우리말로 커발환이라고 그러는데, 환국의 우주 광명 문화, 역사의 종통을 가지고 동방 땅에 오셔서 한민족의 첫 나라 배달국을 건설하신 초대 환웅천황의 존호도 바로 커발환 환웅천황입니다. 오직 『환단고기』에서만 이것을 제대로 밝혀주고 있습니다. 자, 이 구절을 다시 한 번 읽어볼까요?

'부삼신일체지도夫三神一體之道는 재대원일지의在大圓一之義하니'라. 여기에서 살아있는 조물주 삼신이 하늘과 땅, 인간과 만물을 낳는 것입니다. 사람은 어떻게 태어난 것인가, 인간이란 어떤 존재인가를 밝히고 있습니다.

'삼신의 만물을 창조하는 조화의 신성, 즉 조화신造化神은 하늘에서 역사하고, 그것을 낳아서 실제 기르는 것은 어머니 지구가 교화신敎化神의 역할을 하고, 그리고 천지의 아들과 딸인 인간이 자연과 역사를 다스리는 것이다, 치화治化의 신 역할을 하는 것이다.' 이런 주제입니다.

다시 말해, 우주의 신이 현상 세계에 나타날 때는 세 가지의 신성으로 작동이 되기 때문에 삼신이라 하는데, 만물을 낳는 창조의 신인 조화신, 만물을 기르는 교화신, 만물을 다스리는 치화신입니다. 그런데 조화신은 하늘이 대행하여, 하늘은 만물을 낳는 아버지 역할을 합니다. 그다음에 교화신은 어머니 지구가 대행하여, 지구는 만물을 기르는 신성인 교화신 역할을 합니다. 지구가 하늘 아버지와 짝이 되어 역할을 하는 것입니다. 그리고 천지의 아들딸인 인간이 치화신의 위격에서 대자연 우주와 인간의 역사와 만물을 다스리는 통치자 역할을 합니다.

This Daewonil—which contains the infinitely limitless, harmonious, and unimpeded relationship between heaven, earth, and humanity—is called 'Keobalhwan' in our language. The Heavenly Emperor Hwanung, who brought the cosmic radiance and historical lineage of Hwanguk to the Eastern land and founded the Korean people's first state, Baedal, was known as none other than 'Keobalhwan Heavenly Emperor Hwanung.' Only in *Hwandan Gogi* is this properly revealed.

Now, shall we read this passage one more time?

"In general, the dao of accomplishing oneness with Samsin lies in the spirit of Greatness, Inclusiveness, and Unity."

This describes the birth of heaven, earth and humanity through Samsin, the living Creator God. How were humans born? And what is the nature of humanity's existence?

This is a matter of: Samsin manifesting as heaven, the God of Creation-Transformation that creates all things; Mother Earth acting as the God of Edification, who actually fosters all creation; and humans—the sons and daughters of heaven and earth—playing the role of the God of Governance in ruling over nature and history.

In other words, when the god of the universe appears in the phenomenal world, it functions as three deities, so it is called 'Samsin' ["Triune God"]. These deities are: the God of Creation-Transformation, whose creation births all things; the God of Edification, who rears all things; and the God of Governance, who rules all things. Indeed, the God of Creation-Transformation acts as heaven, and heaven has the role of the father who gives birth to all things. After this is the God of Edification, who acts as Mother Earth, and earth has the role of the sacred reforming deity, who rears all things. Mother Earth acts as a pair with Father Heaven. And humankind, the sons and daughters of heaven and earth, play the role of ruler over nature, the universe, human history, and all creation via the divine status of the God of Governance.

한편 인간의 몸속에는 조화신, 교화신, 치화신이 모두 들어와 있습니다. 조화신은 내려와 내 몸에 들어와서 나의 본래 마음이 됩니다. 그것을 성性이라고 그러는데 성은 인간 마음의 참모습, 인간 마음의 본래 실상입니다. 인간의 마음이라는 것은 사물을 접하면서 매순간 바뀝니다. 눈으로 보고 듣고 생각하면서 자아의식이 열려 있기 때문에 대자연의 우주 만물과 하나가 못 되는 것입니다. 바로 이 때문에 병들어 죽는 것이며, 그리고 사후에도 영적으로 어느 정도 살다가 연기처럼 흩어져서 영원한 죽음을 맞이합니다.

그래서 인간이란 무엇인가? 본래 우주의 조물주인 조화신이 들어와서 나의 참마음인 성이 되었다는 것입니다. 이것이 인간의 본성입니다.

인간의 본성을 불가에서는 '불성佛性이다', '부처 마음이다', '법성法性이다', '진리 마음이다' 등등 여러 가지로 이야기하는데, 단군세기에서는 인간의 마음은 바로 우주의 조화신이 들어온 것이라고 합니다. 이것은 천지개벽天地開闢이 백 번, 천 번, 억 만 번 일어나는 대사건입니다. 이것은 진리의 궁극입니다. 어떤 종교의 경전에서도 맛볼 수가 없는 것입니다. 우주의 조물주이신 조화신이 들어와서 인간의 본래 마음, 마음의 실체, 마음의 본래 조화의식이 되었다는 것입니다. 성性이란 인간의 진리 몸뚱아리, 법신法身의 마음입니다.

이것은 인간 심론에 대한 너무도 소중하고 멋진 정의이기 때문에, 여기서 우주가 열리는 듯한 충격을 받아야 합니다.

Meanwhile, the Gods of Creation-Transformation, Edification, and Governance are all present within the bodies of human beings. The God of Creation-Transformation descends into your body and becomes your innate mind. This is what we refer to as your 'nature,' and your nature is the true image of the human mind—its fundamental state. That which is called the human mind changes every time you encounter something. Since reflexive consciousness is active while you are thinking, listening, and seeing, it cannot become one with all things in the universe. It is precisely because of this that we sicken and die, after which we live, to some extent, in a spiritual sense, and are then scattered like smoke and face eternal death.

What does it mean to be human? To be human is to receive the God of Creation-Transformation and achieve your true mind. This is human nature.

In Buddhism, humanity's fundamental nature is referred to by various terms, such as 'Buddha nature,' 'Buddha mind,' 'dharma nature,' 'the mind of truth,' etc; but *Dangun Segi* asserts that the human mind is actually the cosmic God of Creation-Transformation manifesting within the human body. This gives us a great awakening comparable to one hundred, one thousand, even one hundred million *gaebyeok*s of heaven and earth. This manifestation is the ultimate truth. You can't experience this in any religious scripture. The Creator God of the universe, the God of Creation-Transformation, enters humans and becomes their innate mind—the true state of mind, the mind of the fundamental cosmic radiance, and the creation-transformation consciousness of life. That which is called 'nature' is the mind of the true body, the embodiment of human truth.

This definition of the human mind is so priceless, so wonderful, that it astounds one as though the universe has opened up before them.

그 다음에 교화신은 우리 몸에 들어와서 명命이 된다는 것입니다. 이 명을 우리가 보통 '생명', '라이프'라든지 또는 하늘의 천명天命이라 하여 '헤븐리 맨데이트Heavenly Mandate'로 번역을 하는데, 여기서 명이라는 것은 생명을 끌고 나가는 근원적인 힘과 생명력도 되지만 섭리적인 명줄도 됩니다. "명이 짧아서 일찍 죽었다." "아, 명줄이 약해서 그래." 사주를 보거나 해몽을 해서 "얘는 명이 짧다."고 하지요. 사주나 명리학도 지금은 성명정性命精을 잘 모르고 너무 세속화되어 있습니다.

명命이라는 것은 여러 가지 복합적인 뜻이 있습니다. 내가 영원히 천지 부모님과 똑같이 살 수 있는 그런 생명을 가지고 있는 것이 명입니다. 명에서 내 생명의 기가 나온다는 것입니다. 모든 내 생명의 기력이 명에서 나온다는 것입니다. 이것을 한 번 느껴 보세요.

성·명·정

신의 3대 신선이 인간 몸에 들어와 생긴 '세 가지 참된 것[三眞]'

마지막으로 치화신은 내려와서 나의 정이 되었다는 것입니다. 그러니까 우주를 다스리는 신, 우주 만유를 다스리는 신의 세 번째 신성이 인간 몸속에 들어와서 정精이 된다는 것입니다. 이것을 보통 한의학에서는 '신장에 있는 수기다, 정이다.'라고 말합니다. 서양 사람들이 이것을 에센스essence로 번역을 많이 하는데 여기에 들어있는 참뜻은 무엇일까요? 한 번 깊이깊이 생활 속에서 생각을 해 보세요.

나의 삶과 나의 생각과 나의 주변 환경과 나의 조국과 또 이 세계를 위해 일하고 다스릴 수 있는 넉넉하고 성숙한 힘, 모든 물리적인 힘과 영적인 힘의 근간은 바로 정精이라는 것입니다. 정이 충만하면 우리가 우주적인 인간으로 살게 됩니다. 지금 자본주의 문화에서 정은 소모품입니다. 심리학자

Next, the God of Edification enters your body and becomes your 'life.' While we call this simply 'life' and often refer to it as the 'heavenly mandate,' not only is it the fundamental power and vital force that leads to life, it is also your preordained lifeline. This is why people say, "His life was short and he died." "Ah, that's because his lifeline was weak." Or someone telling a fortune or interpreting dreams says, "His lifeline is short." Now, fortunetelling and the study of destiny have become too secularized and hence ignorant of 'nature, life, and essence.'

'Life' here has many complex meanings. It refers to the life force that allows me to exist eternally, just like my eternal heavenly parents. The energy of my life arises from this life. Let's try to feel this for a time.

> **Nature-Life-Essence**
> The three true things that manifest when the three divinities of God enter the human body.

Lastly, the God of Governance descends and becomes your essence. Therefore, the god that rules the universe, the god that governs all things in the universe, the third divinity, enters into the human body and becomes essence. In Korean traditional medicine, this is usually described as 'water *qi* in the kidneys.' Westerners often translate this as 'essence,' but what is its true meaning here? Think deeply about how this pertains to living life.

This 'essence' is, in fact, the foundation of all physical and spiritual power, the power that is abundant and is mature enough to enable you to work for and govern this world—your country, your environment, your thoughts, and your life. When filled with this essence, we can live as cosmic humans. Now, in capitalist culture, essence is expendable. Psychologists and doctors teach this. They say that, because it's expendable, you can just pour it out. And since it's a hormone, it'll quickly be recreated. They come out with such absurdities because

들과 의사들이 그렇게 가르치고 있습니다. 심심풀이로 그냥 쏟아내도 되고 호르몬이니까 금방 생성된다고 말합니다. 동양문화라든지 음양론이라든지 정기신精氣神의 원 문화 출처를 모르기 때문에 그런 무지막지한 소리를 하는 것입니다.

이렇게 신의 삼대 신성神性이 우리 몸에 다 들어와 있습니다. 성명정, 그것이 바로 인간이라면 누구나 다 가지고 있는 영원한 세 가지 참된 것입니다.

이렇게 삼진三眞에 대해 말한 뒤에 '유인惟人이 위최귀최존어만물자야爲最貴最尊於萬物者也라.' '오직 인간이 가장 존귀하고 가장 고귀한 존재다. 오직 인간이 신의 신성과 생명과 우주광명을 다 그대로 가지고 있다.'고 선언했습니다. 그러고서 이제 인성론人性論에 대해 본격적인 깨달음의 진리 구성의 칼을 빼들고서 전개를 하는데, 시간 관계상 여기서 줄이겠습니다.

『단군세기』 서문은 『환단고기』 역사관의 대의, 대한사관의 정수, 한국문화와 인류 원형문화의 진수를 보여줍니다. 즉 '역사의 주인인 인간이란 어떤 존재인가? 인간의 삶의 목적은 과연 무엇인가? 역사의 참 목적은 무엇인가? 이 대우주를 다스리는 궁극의 신성한 존재는 누구인가?' 등을 밝혀줍니다.

they do not know the original cultural sources—whether Eastern culture or yin and yang theory—that detail the relationship between essence, *qi*, and spirit.

Thus, the three great divinities of God all enter into our bodies. Nature, life, and essence—these are in fact the eternal three true things that all human beings will always possess.

Next, Yi Am writes, "Thus, humans alone become the most noble and dignified beings among all creatures." He is declaring, 'Only humans have the highest and most noble existence. Only human beings have, in this way, the divine nature, life, and cosmic radiance of the cosmic god.' Yi Am then expanded this point into a lengthy discussion about the truth of enlightenment regarding the theory of human nature. However, due to time constraints, we will have to cut that short today.

The Preface to *Dangun Segi* reveals: the great cause of *Hwandan Gogi*'s historical view; the essence of Daehansagwan ["Great Korean Historical Perspective"]; and the essential truth of Korean culture and the archetypal culture of humanity. Specifically, it brings to light such questions as: 'What is the nature of existence for humanity?' 'Who are the masters of history?' 'What is the basic goal of human life?' 'What is the true purpose of history?' 'What is the ultimate divinity that governs this great universe?'

본론3

한민족의 국통맥

삼수 원리에 따라 이어온 한국의 국통

자, 이제 마지막 이야기를 정리하면서 셋째 이야기, 우리나라의 국통맥으로 들어가겠습니다.

우리나라는 삼수 우주론, 다시 말해서 삼신의 우주관과 신관을 역사 속에 실현시키면서 국통 맥을 이어왔습니다. 바로 삼신의 3수 원리 그대로 세 번 국통이 크게 변해서 총 아홉 번 나라 이름이 바뀌었습니다. 구변지도九變之道로 바뀐 국통의 마지막 이름이 오늘의 대한민국입니다.

3·3·3 단위로 변한 국통맥의 첫 마디인 환국, 배달, 조선의 7천 년 역사는 한민족과 인류역사의 원형문화를 잘 보존하였습니다. 그다음에 여러 나라가 병존했던 열국 시대의 북부여, 이것을 계승한 고구려(삼국시대 혹은 사국

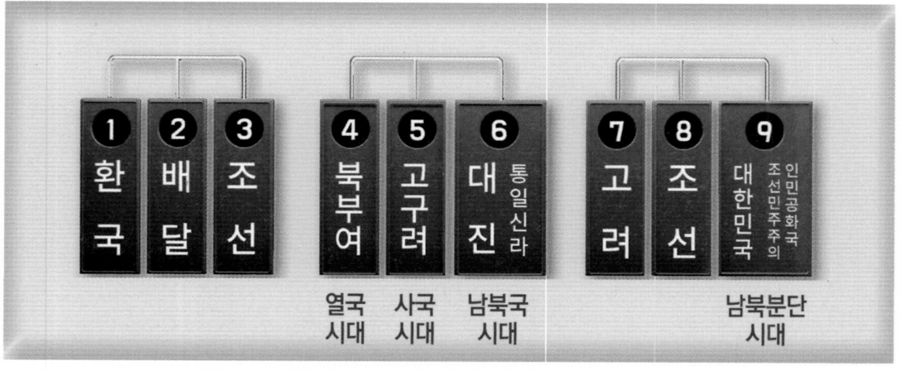

삼신의 3수 원리로 전개된 9천 년 한민족사 국통맥 | 삼신의 3수 원리 그대로 세 번 국통이 크게 변해서 총 아홉 번 나라 이름이 바뀌었다.

Section 3

The Dynastic Legacy of the Korean Nation

The Successions of the Korean Legacy Occurred in Accordance with the Threefold Principle

So, now we come to our third and final topic: the dynastic legacy of our country.

The dynastic legacy of our nation was succeeded with the realization throughout history of the threefold cosmic theory—the cosmology and theology of Samsin. In fact, in line with the threefold principle of Samsin, our dynastic lineage underwent three major transformations, and the country has changed its name nine times in total. After this dao of nine changes, the name of the final state to succeed the national lineage is today's 'Republic of Korea'.

The nine-thousand-year Korean dynastic lineage unfolded in accordance with the threefold cosmic theory of Samsin | The dynastic lineage proceeded through three major transformations, each containing three successive states.

The first such era spanned the seven-thousand-year history of Hwanguk, Baedal, and ancient Joseon—nations that sustained the archetypal culture of human history and the Korean people. The next era began with Northern [Buk] Buyeo of the Era of Many States, in which several

시대), 북방의 고구려를 계승한 대진국(후고구려 혹은 발해)과 통일신라의 남북국시대가 있었고. 그다음에 고려와 조선을 거쳐 지금의 대한민국과 북쪽의 우리 동포들의 나라로 이어져 왔습니다. 이것을 보면 '거짓말 같다. 조작한 것 같다. 어떻게 그렇게 갖다 맞출 수가 있냐?'라고 합니다. 그런데 그렇지 않습니다. 동서 문화의 가장 중요한 보편적 특성이 삼수 문화입니다.

서양 문명의 중심 숫자도 3

서양의 수학 문명의 아버지요, 서양 과학에 끊임없는 영감을 불어넣었던, 근대문명의 아버지와도 같은 분이 약 2,500년 전 그리스 철학자요 수학자인 피타고라스Pythagoras(BCE 570~BCE 495)입니다. 왜 그가 그리스에서 이집트로 유학 갔다가 알렉산드리아 도서관이 6개월 동안 불에 타는 허망한 역사의 현장을 보고, 인도와 티벳을 거쳐서 중국까지 왔을까요? 이 우주의 중심수인 삼수의 신비를 풀기 위해서였습니다.

수년 전에 피타고라스와 반대로, 제가 동양에서 서양으로 건너갔습니다. 이 양반이 태어난 고향이 바로 터키 옆에 있는 사모스 섬입니다. 그 바닷가에 가보니까 피타고라스 동상이 서 있는데 아래에 그리스어로 '3은 우주의 중심수다.'라고 새겨져 있었습니다. 그 날 해변에서 사진을 찍으면서 '아, 서양 문명의 역사 창조의 중심이 3수구나!' 했습니다. 이 3수를 떠나서는 동양이나 서양이나 성립이 안 되는 것입니다.

countries coexisted. This second era was succeeded by Goguryeo [the Three Kingdoms Period, also known as the 'Four Kingdoms Period'] and finally by the Northern and Southern States Period that consisted of Daejinguk [Later Goguryeo or Balhae] in the north (which succeeded Goguryeo) and Unified Silla in the south. After that came the third such era, which stretched through Goryeo, Joseon, and today's Republic of Korea and the country of our northern siblings. Contemplating this, one might say, "It seems like a lie. It's like something made up. How could it be so?" But that isn't the case. The most important universal feature of Eastern and Western culture is the culture of the number three.

The Number Three: The Heart of Western Civilization

Pythagoras (570-495 BCE) was the architect of Western mathematical civilization, a Greek philosopher and mathematician who lived approximately 2,500 years ago, and the father of modern civilization who enduringly inspired Western science. Why, after leaving Greece and going to study in Egypt for six months—where he witnessed a tragic scene of history, the burning of the library of Alexandria—did he then go all the way to China, via India and Tibet? He did so to solve the mystery of the number three, the central number of the cosmos.

Many years ago, in contrast to Pythagoras, I travelled from East to West. The birthplace of this noble man was actually the island of Samos, near Turkey. When I visited the beach, there was a statue of Pythagoras, and below it was engraved in Greek: "Three is the central number of the universe." That day, while I was taking pictures at the beach, I thought, "Ah, the number three is at the center of the creation of Western civilization!" Without the number three, neither the East nor the West could have been established.

"3이라는 수는 우주의 중심수"

피타고라스 동상에 새겨진 글

"Three is the central number of the universe."

The message engraved on the statue of Pythagoras.

| **피타고라스의 고향** | 그리스 사모스섬의 피타고리온

| **Pythagoras's Hometown** | Pythagoreion, Samos Island, Greece

Pythagoras

7세에 걸친 환인이 다스린 환국

한국의 국통맥에서 중요한 것은 환국과 배달과 조선은 항상 일체 관계에 있다는 것입니다. 환국이 부정되면 배달, 조선도 부정될 수 있는 함정으로 빠집니다. 배달과 단군조선은 인류 최초의 나라 환국에 뿌리를 두고 있기 때문입니다. 환국의 정통 계승자가 바로 환국에서 동방으로 온 환웅천황이신데, 환국의 통치이념인 홍익인간弘益人間, 재세이화在世理化 사상을 그대로 다 가지고 왔습니다.

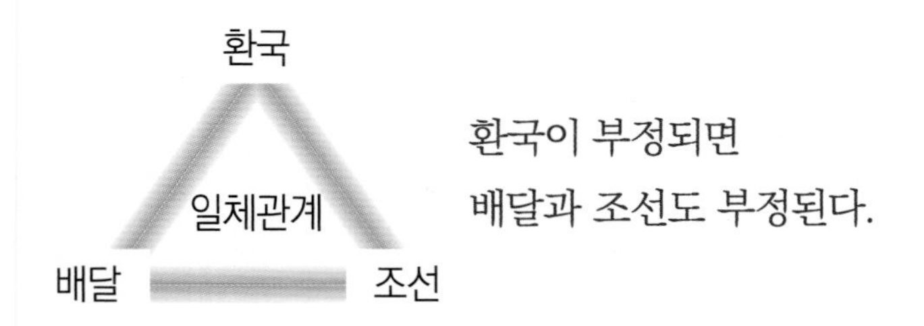

> 환국의 정통 계승자 환웅천황이 환국의 통치이념
> 홍익인간·재세이화를 모두 가지고 동방으로 왔다.

안파견은 지구촌 모든 나라의 아버지

현장에서 본 환국과 배달, 조선의 놀라운 문명을 잠깐 정리해 보겠습니다.

자, 『삼성기전』 상·하나 『태백일사』의 「삼신오제본기」를 보면 환국을 세우신 분을 안파견安巴堅이라고 불렀습니다. 「삼신오제본기」에서는 안파견을 '개천입부지명야繼天立父之名也라', 하늘의 뜻을 계승해서 아버지의 도를 세우다는 뜻의 이름이라고 전합니다. 환인천제는 지구촌 동서 인류 모든 나라의 아버지이신 것입니다.

Hwanguk, a Land Ruled by Seven Successive Hwanins

What's important about Korea's dynastic lineage is the singular relationship that existed between Hwanguk, Baedal, and Joseon. If you deny Hwanguk, then you fall into the trap of also denying Baedal and Joseon. Baedal and the Joseon of Dangun Wanggeom have their roots in humanity's first state, Hwanguk. The legitimate successor of Hwanguk was in fact Heavenly Emperor Hwanung, who traveled eastward, taking with him Hwanguk's founding principles and rules of governance: Hongik Ingan ["Widely Benefitting the Human World"] and Jaese Ihwa ["Ruling the World with the Truth of Spirit Teaching to Edify People"].

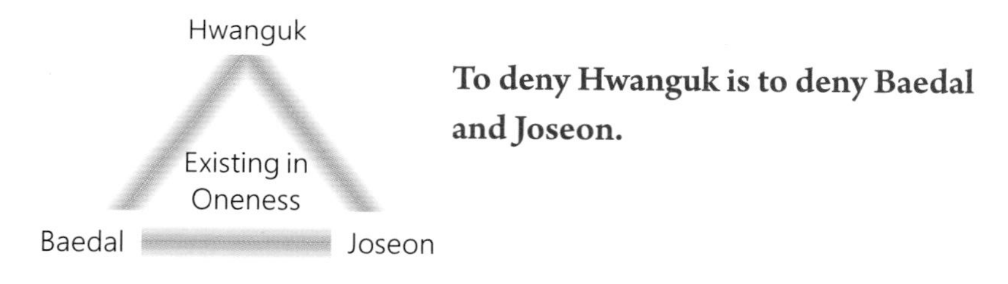

> **Heavenly Emperor Hwanung, the legitimate successor of Hwanguk, came eastward, bringing with him Hwanguk's principles of governance: Hongik Ingan ["Widely Benefitting the Human World"] and Jaese Ihwa ["Ruling the World with the Truth of Spirit Teaching to Edify People"].**

Anpagyeon: Father of All Nations Across the World

I will briefly summarize the amazing aspects of the civilizations of Hwanguk, Baedal, and Joseon that I saw first-hand.

So, *Samseong Gi I* and *II* and *Samsin Oje Bongi* of *Taekbeak Ilsa* record that the one who ruled Hwanguk was the father of all human nations across the world, both East and West. This father was called 'Anpagyeon,' which means "Taking up the Mandate of Heaven to Establish the Dao of the Father." Heavenly Sovereign Hwanin was the father of all human nations across the world, both East and West.

개 소 위 안 파 견 내 계 천 입 부 지 명 야
蓋所謂安巴堅은 乃繼天立父之名也오

안파견이란 곧 '하늘을 계승하여 아버지의 도를 세웠다'는 뜻의 이름이다
(『태백일사』「삼신오제본기」)

수메르말로 안파견은, '안'은 하늘이고 '파'는 꼭대기이며 '견'은 태양신이라는 뜻입니다. 즉 하늘의 밝은 광명의 태양신이다, 이렇게 볼 수도 있는데, 이런 해석을 얼마든지 수용할 수 있다고 봅니다. 지금으로부터 약 4,300년 전 요 임금 때도 안파견이라는 지도자 호칭을 쓰고 있습니다.

9천 년 전에서 6천 년 전까지 지구에 아버지 문화가 있었습니다. 이때는 부도父道, 즉 아버지의 도, 조화신의 도가 문명을 이끌던 시대였습니다. 달리 말해서 천일天一의 시대였습니다. 인류의 아버지가 조화 삼신의 신권을 개발해서 쓴 시대였습니다.

블랙 샤먼이 아니라 화이트 샤먼

『삼성기전』 하편을 보면, '일곱 분의 환인이 3,301년을 다스렸다. 이때는 우주광명을 통해서 살았기 때문에 사람들은 무병장수 인간으로 황금시절을 살았다.'는 것을 알 수 있습니다. 이런 내용이 『삼성기전』 하편에 나와 있습니다. '환인이 거우천산居于天山하사 득도장생得道長生하사 거신무병擧身無病하시며', 환인께서 천산에 머물며 도를 깨쳐 장생하시니 몸에 병이 없으셨다고 합니다. 도를 닦아 천지와 수명이 같은 그런 생명을 누리셨다는 말입니다.

6천 년 이전의 무덤을 파보면 지구촌 어디에서도 전쟁 도구가 안 나오고 전쟁이 없었던 평화의 시대라고 합니다. 영국사람 스티브 테일러Steve Taylor가 『자아폭발:타락』이라고 하는 책에서 "6천 년 이전의 문명이라는 것은 일체 전쟁도 없었고, 너무도 지순하게 대자연과 합일하여 완전한 조화 속

> The name 'Anpagyeon' means "Taking up the Mandate of Heaven to Establish the Dao of the Father."
> *-Samsin Oje Bongi, Taebaek Ilsa*

In Sumerian, the *'an'* of 'Anpagyeon' means "sky," the *'pa'* means "summit," and *'gyeon'* means "god of the sun." That is, the god of the sun is the bright light of the sky and can be seen as such. It would seem that this is a broadly viable interpretation. About 4,300 years ago, even during the reign of King Yao, the title 'Anpagyeon' was used for rulers.

The father culture existed nine thousand to six thousand years ago. Civilization in this era was ruled in accordance with the dao, or "way," of the father—the dao of the God of Creation-Transformation. In other words, it was the era of the Heavenly One. This was an era wherein the fathers of humanity developed and utilized the spiritual power of the God of Creation-Transformation.

Not Black Shamans, But White Shamans

Samseong Gi II reveals that seven different Hwanins ruled for a total of 3,301 years. This was a golden age in which humans basked in the light of cosmic radiance, enjoying longevity without illness. "Hwanin lived on Mt. Cheonsan in the beginning. He was enlightened to dao and lived a long life free of illness." This is what was recorded in *Samseong Gi II.* So Hwanin resided on Mt. Cheonsan and lived a long life without illness after becoming enlightened to dao. This means that he lived life in possession of the longevity of heaven and earth by being enlightened to dao.

If you go anywhere in the world and excavate a tomb from six thousand years ago, you won't find a single weapon of war. This shows it was an era of peace without war. In his book *The Fall*, British author Steve Taylor attests to the fact that civilization six thousand years ago had absolutely no war and that people lived in perfect harmony and unity with

에서 살았다", 이런 얘길 하고 있습니다. 그러고 나서 사막화가 되고 기후가 사나워지면서 중앙아시아에서 거센 민족들이 이동하고, 새로운 역사의 장이 열리기 시작했다는 것입니다. 여기서 생존이 급박하니까 '자아분열'이 일어나고 여기서 본격적인 전쟁문화 시대로 들어갔다는 것입니다. 바로 이때가 환국에서 동방과 서방, 즉 배달 문명과 수메르 문명으로 분화되는 시점이기도 한 것입니다.

6천 년 전까지 지구는 인간과 자연의 조화가 충만한 황금시대였다. 중앙아시아와 중동의 기후변화와 사막화로 인간은 타락하고 전쟁도 생겨났다. (스티브 테일러 『자아폭발:타락』(원제: The Fall))

독일사람 홀거 칼바이트Holger Kalweit가 무슨 얘기를 했냐면, 태고시절에는 샤먼들이 천상을 왕래하였는데 영이 아니라 실제 육체를 가지고 다녔다고 합니다. 그때의 샤먼을 화이트 샤먼White Shaman이라고 합니다. 그런데 근세 역사의 서양 제국주의자들이 자본주의 시장을 개척할 때, 약소국 나라들을 때려 부수고 문화재를 불태우고 전통문화를 다 파괴하면서 이것을 우상숭배라고 몰았습니다. 동방의 영성문화, 동방의 전통문화라는 것은 '저급한 무속문화다, 샤머니즘이다.'라고 말이죠.

태고시절에는 영이 아닌 육신 그대로 하늘로 올라갔으며 이들을 화이트 샤먼이라고 했다.(「샤먼, 치유자 그리고 주술사들」 홀거 칼바이트 지음)

nature. Then, with desertification and a more extreme climate, there began violent ethnic migrations out of Central Asia, opening a new chapter in history. At this point, the priority became survival, so 'self-division' occurred and we entered the era of full-fledged martial culture. This era was also the point at which Hwanguk was divided between East and West, specifically into the civilizations of Baedal and Sumer.

In his book *The Fall*, Steve Taylor asserts that the world enjoyed a golden age during which humans lived in harmony with nature. Then, six thousand years ago, desertification and climate change in Central Asia and the Middle East caused humans to become corrupt and the practice of warfare emerged.

According to German writer Holger Kalweit, in ancient times shamans would ascend to the heavens, not just in spirit but actually in the flesh. Shamans of the time were called 'white shamans.' However, as the Western imperialists opened up capitalist markets in modern history, they struck at smaller countries, burned cultural artifacts, and destroyed traditional cultures, regarding them as idol worship. They called the spiritual culture, and the traditional culture of the East, 'low, shamanic culture.'

> In ancient times shamans would ascend to the heavens, not just in spirit but actually in the flesh. These shamans were called 'white shamans.'
> - Holger Kalweit, *Shamans, Healers, and Medicine Men*

오늘날의 샤먼은 블랙 샤먼Black Shaman이라고 할 수 있습니다. 본래의 무속문화, 원형 무속문화가 아니라는 말입니다. 하지만 전 세계의 지성인들은, 문화 인류학자들은 어쩌면 그렇게 닮은꼴인지 똑같이 블랙 샤먼을 인류의 원 뿌리문화, 원형문화인 것처럼 묘사하고 있습니다.

인류가 원형문화를 잃으면서 일반 백성들이 몸도 아프고 사고도 나고 억울하게 죽고 비통해 하니까, 블랙 샤먼에게 무신巫神이 붙어서 인간들의 마음과 영혼을 치유해 주는 것입니다. 그러니까 천지의 신들의 세계에서, '너는 사람들의 슬픔과 원한과 질병을 풀어줘라.' 해서 무속신이 생긴 것입니다. 이 천지 속에 무신이 있단 말입니다. 그 무신과 하나가 되어서 무당이 되어야 하는 운명을 타고난 사람이 있습니다. 많이 봤지요? 가짜도 많습니다.

그런데 본래 무巫라는 것은 바로 천지의 생명을 열어주고 우주 광명의 심법을 열어주는 화이트 샤먼입니다. 화이트 샤먼의 시대를 동방문화에서는 '이때는 진인眞人 시대다.'라고 합니다. 그리고 진인 시대에서 지인至人 시대로, 즉 지극한 사람으로, 그리고 성인聖人 시대로, 그다음에 현인賢人 시대로 이렇게 문화가 타락한 것입니다.

진인眞人 시대
↓
지인至人 시대
↓
성인聖人 시대
↓
현인賢人 시대

(『황제내경黃帝內經』「상고천진론上古天眞論」)

즉 인류의 뿌리 원형문화에서 줄기문화로 변해가는 것입니다. 지엽문화로 성숙을 하면서 뿌리를 잃어버렸습니다. 뿌리에서 줄기가 쭉 뻗어 나가고 지엽이 나오고 거기서 꽃이 피고 그러고 나서 마지막 열매를 맺는다는 것입니다. 이것이 바로 생명의 탄생과 성장과 성숙의 법칙이면서 인류문명의 진화의 법칙, 성숙의 길인 것입니다.

We generally can call today's shamans 'black shamans.' That is to say, they do not represent the original, foundational shamanic culture. However, intellectuals and cultural anthropologists from around the world portray the shamanism of today— generally referred to as 'black shamanism'—as being somehow similar or identical to humanity's original root and archetypal culture.

Having lost the archetypal culture of humankind, people tend to be sick in body, suffer accidents, and die unjustly and broken-hearted. Spirits therefore enter the minds and souls of those black shamans who work to heal these ailments and scream out from within. These spirits come from the heavenly realm and tell the shamans to ease the sorrow, hatred, and diseases of those people. This is how spirits came to reside in shamans, which is why they are called shamanic spirits. There are indeed shamanic spirits in the universe. Some people are born with the destiny to become a shaman and become one with these shamanic spirits. Right? Have you often experienced this? There are also many fakes.

However, originally these shamans were in fact white shamans who accessed the life force of heaven and earth and the mind of cosmic radiance. In Eastern culture, this era of white shamanism was called the 'age of true humans.' And from the age of true humans, the culture degraded into the time of sublime humans, and then of holy men, and next of sages.

Age of True Humans
↓
Age of Sublime Humans
↓
Age of Holy Humans
↓
Age of Sages

"On Heavenly Truth in High Antiquity," *Inner Canon of the Yellow Emperor*

Specifically, culture changed from the archetypal root culture of humankind into the trunk culture. When culture matured into the branch-and-leaf culture, it lost its roots. Having grown straight up from the roots as the trunk and then outward as the branches and leaves, culture blossomed into flowers and finally bore fruit. This is, in fact, the law of life: birth, growth, and maturity—the law of evolution

인류 문화의 전개

뿌리문화 시대 → 줄기문화 시대 → 지엽문화 시대

이런 것이 다 의서에 있습니다. 『황제내경黃帝內經』을 1장부터 읽어보면 그런 얘길 합니다. 옛날 사람들이 왜 이렇게 오래 살았냐 하면, 그런 자연의 법도를 따랐다는 것입니다. 몸의 정기精氣 관리를 잘했다는 것입니다. 지금까지 이야기한 환국의 문화에서 가장 숭고한 삶의 가치는 단 한 글자로 무엇입니까? 바로 '환桓'입니다. 환국 시대 사람들이 추구한 가장 숭고한 삶의 가치는 대우주 광명의 환과 조화를 이루는 것이었습니다.

> 상고시대의 사람들은 도道를 알아 … 음식에 절도가 있었고 … 망령되이 피곤함을 만들지 않았으므로 … 백세를 넘게 살다 간 것입니다. (『황제내경黃帝內經』「소문素問」)

우주의 원형문화 코드인 3과 7

3과 7은 동방 한민족의 문화체계에서 정말로 소중한 우주 원형문화의 코드입니다. 이것은 곧 삼신과 칠성입니다. 이것이 인류 역사문화의 구성 원리입니다. 이것을 알아야 모든 한국인들이 남녀노유 말할 것 없이, 어린이나 청소년이나 우리 역사라는 것이 참으로 엄청나다는 것을 알 수 있습니다. 지구촌의 누가 봐도 한류문화 속에 이 우주관의 깨달음을 바탕으로 한 원형정신이 살아있다는 것을 깨닫게 됩니다.

환국은 본래 천산 동쪽에 있었습니다. 나라는 총 열두 개 나라고 족속은 크게 구환족이었습니다. 신강의 파음 자치구에 있는 천산에 가보면 태양묘가 있습니다. 천산 박물관에서 찍은 사진을 보면 이 태양묘의 주변에 일곱 개의 말뚝이 박혀 있고 안쪽으로 다섯 개의 말뚝이 있습니다. 이 무덤은 약

in human civilization, and the road to maturity.

> **Process of Human Culture**
> Root Culture Era → Trunk Culture Era → Branch-and-Leaf Culture Era

All of this is can be found in a medical text. Chapter 1 of *Huangdi Neijing* ["*Inner Canon of the Yellow Emperor*"] speaks of this. The reason that the ancients lived for such a long time is that they followed the laws of nature. They regulated the essence *qi* of the body. Indeed, what single word is the focus of the noblest ideal of life in the culture of Hwanguk? It is, in fact, achieving harmony with *hwan*, the radiance of the cosmos. The noblest ideal of life pursued by the people of the Hwanguk era was achieving harmony with *hwan*, the radiance of the cosmos.

> "People of high antiquity knew the dao... They ate with discipline... They never suffered the rigors of senility and were therefore... able to enjoy life spans surpassing one hundred years."
> -"Basic Questions," *Inner Canon of the Yellow Emperor*

Three and Seven: The Code for the Archetypal Cosmic Culture

And what's really important here in this cultural system is the code for the archetypal cosmic culture that is made up of three and seven. This refers specifically to Samsin ["Triune Spirit"] and Chilseong ["Seven Stars"]. This is the composition principle of human history and culture. Only when we know this can we truly comprehend the enormity of our history. This is true no matter your age or gender, whether you are a child, an adolescent or an adult. Having come to understand this, anyone around the world, no matter who they are, will realize that an awakening to this cosmic outlook is the basis of the Korean Wave and that the archetypal spirit survives through it.

Hwanguk was originally located east of the Tianshan Mountains.

4천 년 전의 무덤으로 추정되며, 여기서 나온 미이라가 전시되어 있습니다. 이 무덤을 가만히 보면 원형으로 되어 있고 동방의 칠성 문화를 상징하는 7수로 구성되어 있다는 것을 알 수 있습니다.

그리고 이 천산의 높은 봉우리 반대쪽에 세 개의 봉우리로 되어 있는 정천삼석이 있습니다. 마루 정頂 자, 하늘 천 자. '하늘을 떠받히는 세 개의 기둥'이라는 의미의 정천삼석은 삼수로 되어있습니다. 우리는 이것을 보며 천산 동방의 태고문명의 문화 정신이 분명히 3과 7이라는 것이 거부할 수 없는 사실임을 깨닫게 됩니다.

There were a total of twelve states within it, and the tribes were divided into the Nine Hwan Clans. If you go to the Tianshan Mountains in the Bayingolin Autonomous Region of Xinjiang, you will find a sun shrine. This sun shrine is surrounded by posts. This photo was taken at the Tianshan Museum, and it shows seven posts. There are also five inner posts. This tomb is estimated to be about four thousand years old. The mummies found there were put on display. If you look closely, you will see that this circular tomb of seven pillars is another numerical echo of the Seven Stars culture of the East.

And standing opposite to the high peaks of the Tianshan Mountains is the collection of the three peaks called 'Dingtiansanshi,' which means "Three Peaks that Support Heaven." These three peaks also formed based on the number three. Seeing this kind of thing makes you realize it is undeniable that the cultural spirit of the ancient civilization east of the Tianshan Mountains is clearly based around three and seven.

정천삼석頂天三石 | 신강위구르자치구 천산 지역의 등간산燈杆山 꼭대기에 위치. 서왕묘(도교의 신선)가 거석을 세 조각으로 갈라 하늘을 받쳤다고 전한다.

Dingtiansanshi ["Three Peaks that Support Heaven"]. | Located on the peak of Dengganshan in the Tianshan Mountain region of the Xinjiang Uighur Autonomous Prefecture. The Queen Mother of the West (a Taoist Immortal) is said to have cleaved a giant rock into three as a means of holding up heaven.

천부경 강독

이제 천부경의 내용을 살펴보겠습니다. 천부경은 9천 년 전 삼신 상제님이 인류에게 내려주신 최초의 계시록이자, 환국의 환인 천제께서 만드신 인류 최초의 경전입니다. 이 안에 인간은 무엇인지, 신이란 무엇인지, 역사란 무엇인지, 그리고 인간의 삶의 목적은 무엇인지가 담겨 있습니다. 바로 하늘의 뜻을 기록한 경전입니다. 중국의 학자인 주위에리朱越利(1944~)는 이 천부경에 대한 해석을 열 가지 이상으로 했습니다. "이것은 하늘의 법이다. 하나님의 명령이다. 하늘의 이법이다." 이렇게 여러 가지로 그 뜻을 정의했는데 참 놀랍습니다. 지금은 또 중국에서 아주 이름있는 전문가 학자들도 가세해서 '인류문화의 보물단지'라고 하면서 대대적으로 연구를 하고 있습니다.

자, 잠깐 볼까요. 9×9=81입니다. 이 속에 모든 종교 사상의 원천이 다 들어있습니다. 이것을 알면 한민족과 인류의 창세역사, 동서 4대 문명의 거석문화, 제천단 문화, 하나님 문화의 틀을 제대로 볼 수가 있습니다.

천부경을 다 함께 읽어보기로 하겠습니다.

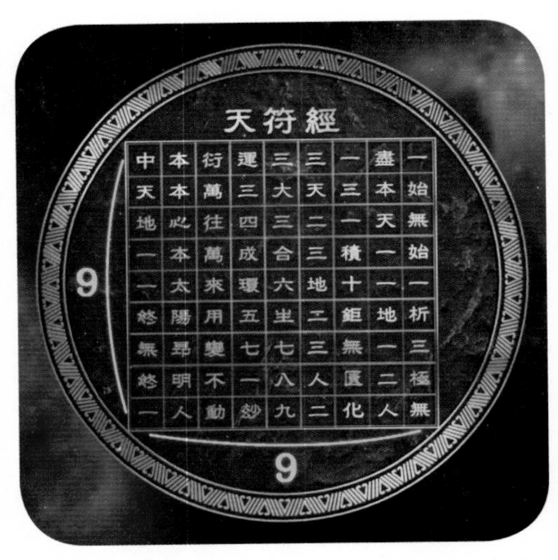

천부경 81자 | *Cheonbugyeong* consists of 81 characters.

> **상경**
>
> 일시무시일一始無始一 이요 석삼극무진본析三極無盡本 이라.
>
> 천일일天一一 지일이地一二 인일삼人一三 이니
>
> 일적십거一積十鉅라도 무궤화삼无匱化三이라.

A Reading of Cheonbugyeong

Now let's look at this more closely through *Cheonbugyeong*. *Cheonbugyeong* is the first of all scriptures and was given to humanity by Heavenly Emperor Hwanin of Hwanguk. It is the first record containing the revelations that Samsin Sangjenim bestowed upon humankind nine thousand years ago. It describes the nature of humans, God, history, and the purpose of human life. It is a scripture that records the will of heaven. A Chinese scholar named 'Zhu Yueli' offered more than ten theories about the significance of the text, including that it was a treatise on the laws of heaven, the commandments of God, or the principles of heaven. It was really remarkable to see his define its significance in so many ways. Very famous expert scholars in China are now also conducting extensive research on *Cheonbugyeong*, calling it a "treasure house of human culture."

Now, let's take a brief look. Nine times nine is eighty-one. The source of all religious concepts is within this equation. If you know of this, you will be able to properly interpret the original history of the Korean people and all of humanity, the megalithic culture of the four great civilizations of the East and West, the customs around celestial rite altars, and the framework of the culture of God. Let's examine this more closely for a moment by reading *Cheonbugyeong* together.

Scripture Beginning

一始無始一

One is the beginning;
from Nothingness begins One.

析三極無盡本

One divides into the Three Ultimates,
yet the source remains inexhaustible.

'일시무시일一始無始一'이라는 것은 이 하나에서 우주 만유가 시작됐다는 것입니다. 인간의 생명, 이 대우주의 존재도 이 하나에서 나왔다는 것입니다. 분명히 종교에서 말하는 하나님이고, 동양에서 말하는 도입니다. 뭐라고 갖다 붙이든 이 하나에서 비롯되었는데 시작이 없는 하나입니다. 일의 근거가 바로 무라는 것입니다. 무에서 비롯된 하나라는 것입니다. 이것이 '0' 사상의 원형입니다.

이 '0'이라고 하는 수를 마야문명의 사람들이 세계에서 가장 먼저 썼다고 합니다. 일설로는 3천 년 전, 5천 년 전에도 썼다고 합니다. '일은 비롯됨인데, 무에서 비롯된 일이다.' 이것이 마무리에서 '일종무종일一終無終一'과 댓구가 됩니다.

'일종무종일一終無終一,'

하나는 그 마무리인데 마침이 없는 일이다 이겁니다. 그러니까 이 우주라는 것은 끝도 시작도 없는 것입니다. 그냥 영원히 순환하면서 존재하는 것입니다.

'석삼극무진본析三極無盡本.'

그런데 그 일이라고 하는 우주의 무궁한 대 생명, 우주광명이라는 것은 삼극으로 나타납니다. 세 가지의 지극한 것. 여기서는 하늘과 땅과 인간입니다. 그것이 무진본, 즉 그 근본은 다함이 없다, 그 우주생명의 바탕은 줄어드는 것이 아니라는 것입니다. 근본은 다함이 없이 영원히 똑같은 것입니다. 은하계가 수천억 조가 계속 생겨도 우주의 위대한 생명력은 0.01프로도 고갈되는 게 아닙니다.

天一一地一二人一三
Arising from One, Heaven is One.
Arising from One, Earth is Two.
Arising from One, Humanity is Three.

一積十鉅无匱化三
One accumulates and opens as Ten,
yet all occurs due to Three's creative change.

"One is the beginning; from Nothingness begins One": this means that all things in the universe originated from this One. The life force of human beings, and even the very universe itself, came from this One. This is obviously the God referred to in religion. It is the dao spoken of in Eastern philosophy. Whatever title you attach to it, this is the One from which all begins, but which itself has no beginning. The basis of this One is what is called Mu ["Nothingness"]. This is to say that One originates from Mu, or Nothingness. This is the original form of the philosophy of zero.

The ancient Mayans used this number zero before any other civilization in the world. According to one theory, they even used it as early as three to five thousand years ago. One is the beginning, and yet it is from Nothingness that One originates. This is a companion to the final verse, which says, "One is the end, in Nothingness ends One." This is to say that what we call the universe has no end or beginning. It just exists in an eternal cycle.

"One divides into the Three Ultimates, yet the source remains inexhaustible": this eternal great life force of the universe, this cosmic radiance that is referred to as 'One,' also appears in the form of the Three Ultimates. The "Three Ultimates": this speaks of heaven, earth, and humanity. Its "source remains inexhaustible," which is to say it can never be depleted—the basis for the life force of the universe does not diminish. This basis remains exactly the same for eternity, without

'천일일天一一 지일이地一二 인일삼人一三.'

하늘도 일신 하나님이요, 어머니 땅도 일신의 하나님 신성과 조화, 생명, 광명을 그대로 가지고 있고, 인간도 이 일신, 즉 삼신의 우주 창조 조화신성을 그대로 다 갖고 있다는 것입니다. 즉 하늘과 땅과 인간은 살아있는 조물주의 신성, 생명, 조화, 광명, 지혜 그 자체입니다. 하늘도 하나님, 땅도 하나님, 인간도 하나님의 신성과 생명과 조화를 그대로 가지고 있다는 것, 이것이 '천일天一', '지일地一', '인일人一'입니다.

그리고 중요한 것이 그 뒤의 문장입니다. '천일天一'과 '지이地二'와 '인삼人三'이 무엇인가? 이것은 조금 뒤에 배달과 조선을 마무리하면서 정리하기로 하겠습니다.

그다음에 '일적십거一積十鉅 무궤화삼无匱化三'이 있는데, 태양묘에 있는 일곱 개의 기둥과 그 안에 있는 다섯 개의 기둥이 무엇인가? 만물의 역사, 만물의 탄생과 발전과정이라는 것은 1이 2, 3, 4, 5, 6, 7, 8, 9 이렇게 축적되면서 나가는 것입니다. 이 봄여름의 선천과정이 이렇습니다. '일적一積'이라는 것은 봄여름에 낳아서 커나가는 과정입니다.

그다음에 '십거十鉅'는 마침내 십 수로 확 열린다는 뜻입니다. 이 십이라는 것은 바로 천지의 조화 십수를 말합니다. 1, 2, 3, 4의 합이 10인데 피타고라스가 이걸 알고 싶어서 중국까지 온 것입니다.

'일적십거一積十鉅 무궤화삼无匱化三.'

일이 씨를 내서 자라면서 봄을 지나서 여름을 지나서 지엽이 나오고 잎이 번성하고 꽃이 피고, 그리고서 가을을 앞두고 열매를 맺는데 이것이 '십거十鉅'입니다. 완전히 열리는 것입니다. '열'이라는 것은 '열다'라는 뜻입니다.

end. Even after generating trillions of galaxies, the great life force of the universe has not diminished by even 0.01 percent.

"Arising from One, Heaven is One. Arising from One, Earth is Two. Arising from One, Humanity is Three": heaven, too, is the One Spirit; while Mother Earth also possesses the divinity, power of creation-transformation, life force, and radiance of the One Spirit; and humanity also immutably carries this divine power of creation-transformation. In other words, heaven, earth, and humanity are in themselves the living divinity of the Creator, its life force, its power of creation-transformation, its radiance, and its wisdom. Heaven is God, earth is God, and humans, too, possess the exact same divinity and life force of God's creation-transformation in full. This is to say that heaven is One, earth is One, and humanity is One.

An important aspect of this appears at the end. What does it mean to say "heaven is One," "earth is Two," and "humanity is Three"? I will summarize this when I finish discussing Baedal and Joseon a bit later.

The next part is "One accumulates, and opens as Ten, yet all occurs due to Three's creative change." What do the outer seven pillars and inner five pillars within the sun shrine signify? The history of all things—the process of the birth and development of all things—unfolds as an accumulation from 1 through 2, 3, 4, 5, 6, 7, 8, and 9. The process of the Early Heaven's spring and summer are the same. Thus, "One accumulates" is the process of birth and growth in spring and summer. The ensuing "opens as Ten" means that this growth ultimately unfolds until the number ten. "Ten" here is the numerological ten of heaven and earth's creation-transformation. The sum of 1, 2, 3, and 4 is 10, and, indeed, Pythagoras must have gone as far as China because he was aware of all this.

"One accumulates, and opens as Ten, yet all occurs due to Three's creative change": so, the One plants the seed, which then grows as spring and summer pass. Sprouts emerge and grow into leaves, then flowers bloom and ultimately yield fruit as autumn looms. This is what is meant by "opens

즉, 이 '열'에서 우주가 새로운 질서로 개벽을 한다는 것입니다. 그래서, '십거+鉅'는 근대역사의 주제인 가을 개벽을 의미합니다. 이제 이 우주가 개벽을 한다는 것이 '십거+鉅'에 담긴 메시지인 것입니다.

중경

천이삼天二三 지이삼地二三 인이삼人二三 이니
대삼합육大三合六 생칠팔구生七八九,
운삼사運三四 성환오칠成環五七이니라.

그러고나서 '천이삼天二三 지이삼地二三 인이삼人二三.'

다시 한번 하늘과 땅과 인간은 다 음양의 구조이면서 바로 이 삼신, 삼수의 조화 신성을 그대로 가지고 있으며, 그 삼수의 목적을 이루는 꿈을 안고 있다는 것입니다.

그다음에 '대삼합육大三合六.'

큰 삼이 합해져서 육을 낳는다는 것입니다. 대삼이 합해져서 육이 되는데 여기서 도통문이 열립니다. 칠팔구를 생하는 것입니다.

as Ten." This is a complete opening up. *Yeol* ["ten" in Korean] here means *yeolda* ["open" in Korean]. In other words, this universe undergoes a *gaebyeok* and a new order unfolds. So, "opens as Ten" signifies the Autumn Gaebyeok, the subject of modern history. The message contained in "opens as Ten" is that the universe is about to undergo a *gaebyeok*.

Scripture Middle

天二三地二三人二三
Based on Two, Heaven changes under Three.
Based on Two, Earth changes under Three.
Based on Two, Humanity lives under Three.

大三合六生七八九
The Great Three unite into Six,
which then gives rise to Seven, Eight, and Nine.

運三四成環五七
Everything moves in accordance with Three and Four;
everything circulates under Five and Seven.

Next comes "Based on Two, Heaven changes under Three. Based on Two, Earth changes under Three. Based on Two, Humanity lives under Three." Heaven, earth, and humanity are all structured based on yin and yang and, at the same time, possess in full Samsin's divine power of creation-transformation that is numerologically expressed as Three. This means they dream of fulfilling the purpose of Three.

Next is "The Great Three unite into Six." This means that the three major numbers combined give birth to Six. When the Great Three combine into Six, the door to enlightenment is opened. This "gives rise to Seven, Eight, and Nine."

그다음에 '운삼사運三四 성환오칠成環五七.'

모든 만물의 운행이라는 것은 삼과 사를 구성원리로 합니다. 그리고 성환오칠成環五七. 이 순환의 틀을 이뤄서 변화가 지속되는데 그것이 오와 칠입니다. 이 성환오칠成環五七이라는 것이 태양묘를 해석할 수 있는 단초가 됩니다.

그러나 우주의 그 기본 운동의 틀은 삼과 사입니다. 일 년 사계절에서 보면, 봄에 씨 뿌리고 여름에 기르고 가을에 열매 맺고 겨울은 폐장입니다. 겨울에는 용을 하지 않습니다. 그것은 본체라는 것입니다. 그래서 그것을 일체삼용이라고 하는데, 하나는 본체가 되고 삼으로 용을 한다는 뜻입니다. 계절도 겨울에는 쉬어야 합니다. 겨울에는 이런 진리를 듣고 정신을 좀 쉬고 인생을 가다듬고 산책을 하면서 정력 소모도 가급적이면 덜 하면서 몸과 마음과 정기를 축적해야 한다는 말입니다.

'운삼사運三四.'

사람의 몸도 구성 원리가 크게 보면 세 구조로 되어있습니다. 관상학에서도 이마가 짧으면 부모덕을 많이 못 본다고 합니다. 중간은 중년이고 인중 아래는 하관으로 말년 운과 자식운을 봅니다. 우리는 모든 사물의 체계를 삼수원리로 봅니다. 그리고 펼쳐지는 것은 네 등분으로 됩니다.

Next is "Everything moves in accordance with Three and Four, Everything circulates under Five and Seven." All things move according to the compositional principle of Three and Four. This cyclical framework circulates through a constant series of changes that are represented by Five and Seven. This passage "Everything circulates under Five and Seven" provides a clue to interpreting the significance of the sun shrine.

All that being said, Three and Four make up the framework containing the fundamental movements of the universe. This is the four seasons that make up a year. This manifests in the real world as the spreading of seeds in the spring, their growth in summer, their coming to fruition in autumn, and then a period of rest in winter. There is no Function in winter. This lack of Function is what is referred to as 'Body,' hence the phrase "One Body and Three Functions." This means winter becomes 'One Body' and the other seasons become 'Three Functions.' We must rest during winter. In the winter, we must take in these truths and rest our minds, tidy up our lives, take leisurely walks while limiting the use of our vital energies, and just do less in general, so that we can accumulate the essence of our body and mind.

"Everything moves in accordance with Three and Four." In the grand scheme of things, the human body itself is made up of three structural components. In physiognomy, if your forehead is too short, you will not be able to benefit from your parents. The middle part of your face shows what to expect when you are middle-aged, and the area below the philtrum tells whether you will have a good life in your later years as well as the fortunes of your children. We see the system of all things is based on the threefold principle. It then follows that all things unfold as four equal parts.

하경

일묘연만왕만래一 妙衍萬往萬來하야

용변부동본用變不動本하니라.

본심본태양 앙명本心本太陽昻明하니

인중천지일人中天地一하야

일종무종일一終無終一이니라.

그다음에 '일묘연만왕만래一妙衍萬往萬來.' 대우주의 일신의 조화에 대해 계속 언급하고 있는데, 일의 기운이 봄, 여름, 가을, 겨울로, 낮과 밤으로 끊임없이 오고 가는 이 순환법칙을 얘기하는 것입니다.

'용변부동본用變不動本.'

이 '용변부동본用變不動本'도 두 가지 뜻이 있습니다. 하나는 '이 용이 변화의 작용이 아무리 바뀌어도 그 근본은 동하지 않는다.' 이것은 원론적인 얘기지만 개벽관으로는 번역을 바꿔야 합니다. 오늘 시간이 없으니까 이것도 여기서 생략을 합니다.

그다음에 중요한 마무리. '본심본태양앙명本心本太陽昻明.'

사람의 근본은 마음인데 태양에 근본을 둬서 한없이 밝은 것입니다. '인중천지일人中天地一.' 사람은 천지, 살아있는 삼신 조물주의 화현으로서 천지의 생명과 그 심법을 관통합니다. 여기서 중이라는 것은 통할 통 자로 해석해야 합니다. 통해서 하나가 된다는 뜻입니다. 인중천지가 되어야 일一이 되는 것입니다. 단군세기 서문에서 '삼신계맹三神戒盟이 시능귀우일자야始能歸于一者也.'라고 할 때의 바로 그 일! 이것을 태일이라고 합니다.

Scripture End

一玅衍萬往萬來用變不動本

One expands in mysterious ways
while coming and going endlessly,
and a great change to the Function occurs,
bringing forth the immutable Body.

本心本太陽昻明

The basis of the universe is the mind,
which shines radiantly like pure yang.

人中天地一

Humanity, penetrating the mind of heaven and earth,
attains the Ultimate One.

一終無終一

One is the end; in Nothingness ends One.

Next comes "One expands in mysterious ways while coming and going endlessly." One is constantly referred to. *Cheonbugyeong* keeps talking about the creation-transformation of the cosmic One Spirit, but this also indicates the cyclical principle of One's *qi* coming and going without end, circulating through spring, summer, autumn, and winter, as well as through day and night.

"A great change to the Function occurs, bringing forth the immutable Body." This passage also has two meanings. One is that the underlying foundation of all things never moves, regardless of the functional changes taking place. This kind of talk is purely theoretical, so we must retranslate it by applying an understanding of *gaebyeok*. Since we are short on time, I will skip the rest of this part.

The next part is the ending, which is crucial. "The basis of the uni-

'인중천지일人中天地一.'

천지부모의 생명과 조화와 그 심법과 하나 된 인간이 마지막 그 일입니다. 이 태일문화가 바로 우주역사관, 바로 이 인류 시원 창세역사 원형문화인 환단고기 문화코드의 최종결론입니다.

이것은 일본의 문화역사에서 그 원형을 다 찾아볼 수가 있습니다. 일본 사람들이 이 인류 창세 원형문화, 한민족 원형문화를 전수받아서 그것을 그대로 마쯔리 축제로 구현하고 있습니다. 가서 보면 사실 기절초풍할 사건입니다. 중국과 일본을 비판하기 전에 우리가 배워야 할 것이 너무 많습니다.

어차피 궁극으로 들어가 보면 우리 문화와 역사를 다 뺏어다가 자기들 것이라고 우기고, 또 우리와는 관계없다고 그러는데 참 밉지만 결국 근본은 한 형제입니다. 그러면서도 문화전쟁을 해야 합니다. 역사전쟁을 과감하게 해야 한다는 말입니다!

일본의 마쯔리 축제에 등장하는 '태일' 깃발
Signs bearing the word 'Taeil' ["Ultimate One"] appear in a Japanese *matsuri* festival.

verse is the mind, which shines radiantly like pure yang." The original mind is fundamentally pure yang, so it shines infinitely. "Humanity, penetrating the mind of heaven and earth, attains the Ultimate One": humans are to attain the life force and fundamental mindset of heaven and earth—the living manifestations of the Samsin Creator. "Penetrating" here must be interpreted as grasping or becoming connected with something. It means to connect with and therefore become one. Only after uniting with heaven and earth can humans become a Taeil ["Ultimate One"]. This is the oneness referred to [in the Preface to *Dangun Segi*] when it says, "When a human being pursues unity with heaven, they can return to that unity only after vowing to steadfastly observe the precepts of Samsin." This is referred to as a Taeil ["Ultimate One"]. "Humanity, penetrating the mind of heaven and earth, attains the Ultimate One." A humanity that attains oneness with the life force, creation-transformation, and the fundamental mindset of its heaven and earth parents ultimately becomes that final One. This culture of Taeil ["Ultimate One"] is the ultimate conclusion of the cosmic perspective—the cultural code of the archetypal culture described in the original history of humanity within *Hwandan Gogi*. You can find the original form of this in Japanese cultural history. The Japanese people learned this archetypal culture in the earliest days of humanity—the age of the Korean people's archetypal culture—and continue to practice it without alteration through the *matsuri* festival. Going there and experiencing it might astonish you. There is so much we need to learn about China and Japan before criticizing them.

If you examine the matter, you'll ultimately conclude that—even though it is hateful that they stole our culture and history and now insist that it is theirs, and that it is not related to us—in the end, we are all one cultural family at our roots. At the same time though, we have to fight this cultural war. What I'm saying is, we have to boldly wage this war over history!

열여덟 분 환웅의 배달 시대

자, 배달국으로 가보면 환웅 열여덟 분이 1,565년을 다스렸습니다. 그런데 원동중의 『삼성기전』 하편을 보면 놀라운 내용이 나와 있습니다. 열여덟 분 환웅의 본래 호칭과 통치 역년이 기록되어 있는 것입니다.

『삼성기』 하편에 기록된 열여덟 분의 환웅

1세 거발환	2세 거불리	3세 우야고	4세 모사라
5세 태우의	6세 다의발	7세 거련	8세 안부련
9세 양운	10세 갈고	11세 거야발	12세 주무신
13세 사와라	14세 자오지	15세 치액특	16세 축다리
17세 혁다세	18세 거불단		

태극기 팔괘를 누가 그렸나

배달시대는 인류의 생활문화가 총체적으로 나오는 때입니다. 이때 의학이라든지, 학교제도, 언어, 문자, 시장문화 이런 것이 아주 총체적으로 쏟아져 나옵니다. 우리가 지금 쓰고 있는 한국의 태극기 팔괘를 그린 분이 누구입니까? 대한민국이 이런 문화역사 교육을 시키지 않았기 때문에 사람들이 이것을 모르고 있습니다. '우리나라 태극기 팔괘를 그린 분이 누구인가?' 이런 문제가 퀴즈게임에도 제일 먼저 나와야 합니다. 정답은 중국 사람들이 동이지인東夷之人이라고 하는, 즉 동방 사람이라고 하는 5,500여 년 전의 태호太昊 복희씨伏羲氏입니다.

중국 하남성 회양현淮陽縣에 가보면 아주 거대한 궁전을 지어놓고 태호복희씨를 인류 문명의 조상이라고 해서 신처럼 받들고 있습니다. 인류 문명의 조상이라고 하는데 여기에는 깊고 놀라운 문명사적인 의미가 있습니다.

이 분이 삼신상제님께 천제를 올리고서 우주 수학 법칙의 원도原圖인 하

The Eighteen Hwanungs' Baedal Era

If we turn our attention to Baedal, we see that it was ruled by eighteen *hwanungs* over 1,565 years. Indeed, Won Dong-jung's *Samseong Gi II* includes some remarkable content: it records the original names and ruling years of the eighteen *hwanungs*.

The Eighteen Hwanungs Recorded in *Samseong Gi II*

1st : Geobalhwan	2nd : Geobulli	3rd : Uyago	4th : Mosara
5th : Tae-u-ui	6th : Da-ui-bal	7th : Georyeon	8th : Anburyeon
9th : Yang-un	10th : Galgo	11th : Geoyabal	12th : Jumusin
13th : Sawara	14th : Jaoji	15th : Chi-aekteuk	16th : Chukdari
17th : Hyeokdase	18th : Geobuldan		

Who Drew the Trigrams of the Korean Flag?

The lifestyle and culture of humanity fully emerged in this era. At that time, medicine and related fields, the education system, language, script, and commercial culture all fully flourished. Who drew the trigrams we use today on the Korean flag? Because the Republic of Korea does not promote education about such cultural history, people do not know. "Who drew the trigrams now used on our country's flag?" Such a question should be the first thing asked in quiz games. The correct answer is Taeho Bokhui, a man who lived 5,500 years ago, whom the Chinese people refer to as a member of the ancient Dongyi, or a 'person of the East.'

If you visit the Huaiyang District in Henan province, China, there is an enormous palace where Bokhui is revered like a god as the father of human civilization. To say he is the father of human civilization carries a truly deep meaning of astonishing historical significance.

This man held an offering ritual for Samsin Sangjenim and received Hado, an archetypal diagram of cosmic mathematics. All the Eastern cultural cosmologies—that is, the theory of yin and yang and the Five

하남성 회향현 태호복희씨 사당
Shrine to Taeho Bokhui, Huaiyang District, Henan Province

도河圖를 받아내렸습니다. 이 하도에서 동양 문화의 우주론, 소위 음양오행론, 시간과 공간의 구성 원리가 다 나온 것입니다.

배달시대 5세 태우의太虞儀 환웅천황의 열두째 아들 되시는 분이 태호복희씨인데, '태호'라는 말도 지금의 '대한大韓'과 같은 것입니다. 태호太昊는 '크게 밝다.'라는 뜻으로, '나는 우주광명을 체험한 사람이다', '우주의 철인이다.'라는 말입니다. 그리고 이 분이 하도만 받아 내린 것이 아니라, 우주의 수의 원도인 팔괘八卦도 받아 내리셨습니다. 지금의 이진수로 된 컴퓨터 디지털 문명도 다 여기서, 팔괘의 양과 음의 효에서 나온 것입니다. 독일의 라이프니츠G. W. Leibniz(1646~1716)가 다 과학적으로 인정을 해준 것입니다.

라이프니츠(1646-1716) | 독일의 과학자, 수학자
G. W. Leibniz (1646-1716) | German scientist and mathematician

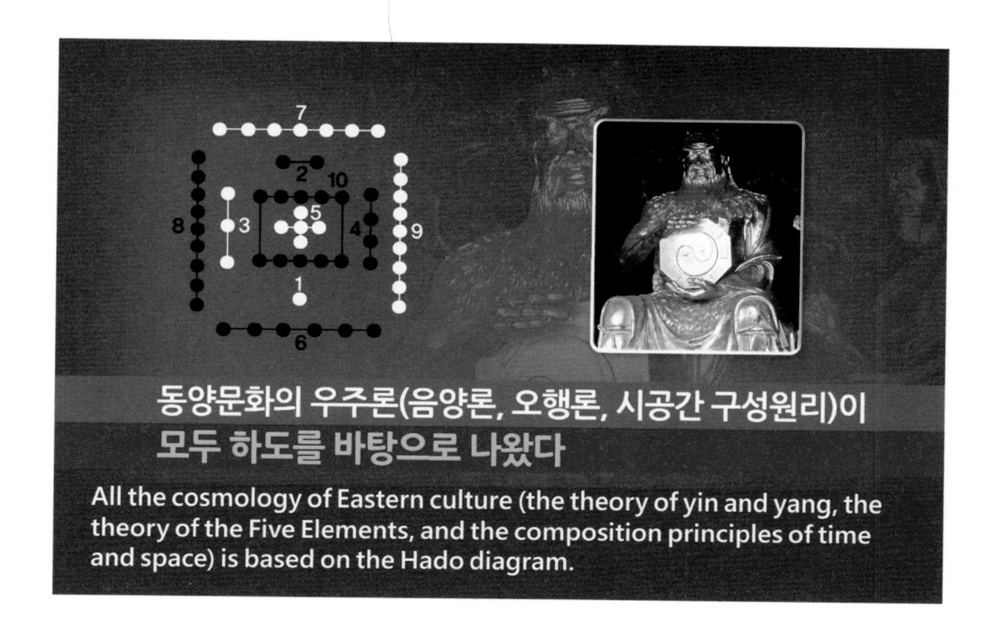

All the cosmology of Eastern culture (the theory of yin and yang, the theory of the Five Elements, and the composition principles of time and space) is based on the Hado diagram.

Elements and the structural principles of time and space—were derived from Hado.

Taeho Bokhui was the twelfth son of Tae-u-ui, the fifth Heavenly Emperor *hwanung* of the Baedal Era. The term '*taeho*' carries the same significance as the contemporary term 'Daehan' ["Great Koreans"]. Meaning "very bright," *taeho* signifies someone who has experienced cosmic radiance—a cosmic philosopher.

Taeho Bokhui not only received the Hado diagram, but also the eight trigrams that were the original map of cosmic mathematics. The entirety of today's digitized computerized civilization, being binary, results from the yin-yang principle of the trigrams. This was recognized in science by the German, G. W. Leibniz (1646-1716).

Why have we become the kingdom of global electronics? Because the ultimate principle of Korean Wave culture has its foundation in cosmology. In fact, we are the original founders of the cosmic mathematical civilization. It is precisely this cosmology that is the background for our country's domination of the world's high-tech cultural market.

우리가 왜 세계 전자문화 왕국이 되었는가? 한류문화의 원 근원이 우주론을 근거로 했고, 우리가 바로 우주의 수학문명의 원 종주이기 때문입니다. 우리나라가 세계 첨단문화 시장을 제패하는 배경에 바로 우주론이 있는 것입니다.

의학의 아버지 신농씨, 그리고 치우천황

그리고 8세 안부련安夫連 환웅천황 때, 농경과 의학의 아버지 신농씨神農氏라는 대성인 제왕이 오셨습니다. 그리고 14세 치우천황蚩尤天皇이 있었습니다. 『삼성기전』 하편을 보면 당시 동방의 대천자는 치우천황인데, 본래는 자오지慈烏支 환웅이라고 했습니다. 당시의 대요, 창힐, 헌원이 모두 배달로부터 문물을 배워갔습니다. 치우천황은 중국 문화의 원형을 구축해준 분인 것입니다.

『태백일사』 「삼한관경본기」, 「소도경전본훈」 등을 보면 이분의 스승이 자부선사紫府仙師입니다. 자부선사가 있었던 풍산風山 삼천궁三淸宮이라고 하는 궁전에 헌원軒轅이 찾아가서 무릎 꿇고 선도를 배운 바도 있습니다.

중국에 가보면 여러 곳에서 치우천황을 엄청나게 모시고 있습니다. 우리나라에서는 치우천황의 인격이 다 말살되어 도깨비로 전락했습니다.

염제신농씨(BCE 3218~BCE 3078) |
섬서성 보계시 염제신농 사당의 동상
염제신농은 배달의 8세 안부련安夫連 환웅 때 인물로서 농경과 의학의 아버지이다.

Statue of Yeomje Sinnong, Baoji City, Shaanxi Province |
Yeomje Sinnong (3218-3078 BCE) was the father of agriculture and medicine and was born during the reign of Baedal's eighth *hwanung*, Anburyeon.

Sinnong, the Father of Medicine, and Heavenly Emperor Chiu

Great Sage King Sinnong, the father of agriculture and medicine, was born in Baedal during the reign of Anburyeon, the eighth Heavenly Emperor *hwanung*. There was also the fourteenth Heavenly Emperor, Chiu. According to *Samseong Gi II*, Chiu was the Son of Heaven in the East at the time. However, he was originally called 'Hwanung Jaoji.' At that time, Danao, Xuanyuan, and Cangjie all studied the cultural products of Baedal. It was Chiu who established the original form of China's culture.

Samhan Gwangyeong Bongi and *Sodo Gyeongjeon Bonhun* (records contained in *Taebaek Ilsa*) both document that these historical figures were taught by Master Jabu. Xuanyuan went to a palace called 'Samcheongung' on Mt. Pungsan, where he found Master Jabu and knelt before him to learn the dao of immortality.

In China, you will see depictions of Chiu in many places. He's absolutely everywhere. In our country, the true character of Chiu was erased and he was transformed into a goblin.

치우천황(BCE 2707~BCE 2598) |
산동성 거야현 치우견비총蚩尤肩脾塚.
배달의 14세 자오지 환웅.

Heavenly Emperor Chiu (2707-2598 BCE) |
Baedal's fourteenth *hwanung*, Jaoji
Chiu Monument, Juye County, Shandong Province.

2002년 월드컵 때 전 국민이 '붉은 악마'가 되어 붉은 옷을 입고 한 번 크게 날뛰었는데, 그 도깨비 문양의 실체가 바로 치우천황입니다. 신이 나서 좋기는 했지만, 역사를 잃어버려 국조를 부정하는 것도 모르는 전혀 무감각한 한국인의 너무도 어리석은 한 단면을 볼 수 있었습니다.

한국은 치우천황을 도깨비, 붉은악마로 전락시켜 인격을 지워버렸다.

삼수원리에 따른 단군조선의 '삼한'

단군왕검의 역사라는 것은 지구촌 역사 무대에 있는 우리 조상들, 우리 동방의 주인, 우리 한국인 뿌리에 대해서 더 실제로 깨지게 합니다.

단군조선은 마흔일곱 분의 단군이 2,090년 동안 다스렸습니다.

단군왕검 조선의 첫 번째 특징은 무엇인가? 우주의 중심수 삼수원리를 따라 나라를 한반도 땅의 마한, 만주 땅의 진한, 그리고 서쪽의 산동성 및 그 아래 지역까지도 포함한 번한 등 셋으로 나누어 다스린 것입니다. 그것을 삼한관경제라고 하는데, 나라의 수도가 셋이었다 하여 삼경三京 제도라고도 합니다. 마한의 수도는 백아강白牙岡으로 오늘날 대동강 유역의 평양이고, 진한의 수도는 소밀랑蘇蜜浪으로 안중근安重根(1879~1910) 의사가 이등박문伊藤博文(1841~1909)을 제거한 역사의 성지 하얼빈哈爾濱 지역입니다. 그리고 당산唐山 대지진이 터진 안덕향安德鄕이 번한의 수도였습니다. 이 세 수도의 관계를 저울판, 저울대, 저울추로 비유하여 저울의 균형이 깨질 때 단군왕검의 역사가 종지부를 찍는다는 말이 비결처럼 내려왔습니다.

Korea reduced Heavenly Emperor Chiu to a goblin and a red devil, erasing his human character.

During the 2002 FIFA World Cup, the whole country wore red clothes for the 'Red Devil' [the mascot of the official Korean soccer team fan club], but this goblin design was in fact based on Chiu. The excitement of it all was great, but I could see the foolish side of Koreans, who in actuality don't even understand that they were denying their forefather because they had lost their history.

Dangun Joseon's 'Samhan' Governed Based on the Threefold Principle

The history of Dangun more actively reveals the roots of our Korean ancestors, who were masters of the East on the global stage of history.

Dangun Joseon had forty-seven *dangun* rulers over 2,090 years.

What was the primary characteristic of Dangun's Joseon? In accordance with the threefold principle, with three being the central number of the universe, the country was divided into three provinces: Mahan, on the Korean Peninsula; Jinhan, in Manchuria; and Beonhan, which included Shandong of western Liaoxi and the region below it. This was referred to as the 'Samhan System of Three Realms.' Mahan's capital, Baekagang, is today's Pyeongyang, on the Daedong River. Jinhan's capital, Somilrang, became the sacred historical site where the patriot Ahn Jung-geun (1879-1910) assassinated Ito Hirobumi (1841-1909) [Prime Minister of Japan], and is now known as 'Harbin.' And the capital of Beonhan was Andeokhyang, which was destroyed in the Tangshan Earthquake. The relationship between these three cities was like that between the three parts of a set of scales: the beam, weight, and plate. Dangun's history ended when the balance of the scales was broken. This fact has been passed down like a secret code.

고조선의 22세 색불루 단군 때 수도를 하얼빈 아사달에서 백악산 아사달로 옮기는데, 그 천도遷都의 배경에는 군사 반란이 있었습니다. 그러면서 삼한 체계의 국력이 많이 약화되기 시작하여 44세 구물단군 때는 국권이 거의 무너지게 됩니다. 당시 삼조선의 막조선, 진조선, 번조선 각각이 병권을 따로 갖고 실제 독립을 하는 그런 경계까지 갔습니다. 이때 나라가 망할 것 같으니까 44세 단군이 나라 이름을 조선에서 대부여大夫餘로 바꿉니다. 그 후 진조선이 먼저 망하고 한반도의 말조선과 요서 지역의 번조선은 한동안 유지되었습니다.

고조선이 마지막에 전체적으로 망해 가는 과정을 종합적으로 볼 수 있는 것은 『환단고기』 밖에 없습니다. 뿐만 아니라 고조선 초기와 중기 때 고조선과 중국 하상주夏商周 왕조와의 관계, 말기 때 고조선과 중국 춘추전국시대 열국과의 관계 등을 종합적으로 보여주는 것도 『환단고기』 밖에 없습니다.

The primary characteristic of Dangun Joseon: The Samhan System of Three Realms | In accordance with Samsin's threefold principle, the country was divided into three provinces for the purpose of governance.

During the reign of Saekbulru, ancient Joseon's twenty-second *dangun*, the capital was moved from Harbin Asadal to Mt. Baekaksan Asadal. A military rebellion broke out at this time. Meanwhile, the political authority of the Samhan system began to be severely weakened, and under the forty-fourth *dangun*, Gumul, state authority collapsed. A point was reached in which the three Joseons (Mak-Joseon, Jin-Joseon, and Beon-Joseon) took control of their own militaries and were functionally independent. At that time, since the country had seemingly been dissolved, the state of the forty-fourth *dangun* changed its name from 'Joseon' to 'Daebuyeo' ["Great Buyeo"]. After this, Jin-Joseon was the first to be destroyed, while Mak-Joseon on the Korean Peninsula and Beon-Joseon of the Liaoxi region persisted for a time. The process through which ancient Joseon was finally completely destroyed can only be seen in full in *Hwandan Gogi*.

Moreover, *Hwandan Gogi* is the sole text that comprehensively presents the relationship between ancient Joseon and China's Xia, Shang, and Zhou dynasties in the early and middle periods of its reign, and its relationship with the various Chinese states during China's Warring States Period contemporaneous to its final era.

단군조선의 세 수도, 삼경三京
Samgyeong: The Three Capitals of Dangun Joseon

단군조선 변천 과정

<table>
<tr><td>제1왕조</td><td>송화강 아사달(하얼빈) 시대
단군왕검 ~ 21세 소태단군</td><td>삼한</td><td rowspan="2">1908년</td></tr>
<tr><td>제2왕조</td><td>백악산 아사달(장춘) 시대
22세 색불루단군 ~ 43세 물리단군</td><td>삼조선</td></tr>
<tr><td>제3왕조</td><td>장당경 아사달(개원) 시대
44세 구물단군 ~ 47세 고열가단군</td><td>대부여</td><td>188년</td></tr>
<tr><td></td><td></td><td></td><td>2096년</td></tr>
</table>

Major Changes in Dangun Joseon

First Dynasty	Songhua River Asadal (Harbin) Era: 1st *dangun* (Wanggeom) to the 21st *dangun* (Sotae)	Samhan ["Three Han States"]	1908 Years
Second Dynasty	Mt. Baegaksan Asadal (Changchun) Era: 22nd *dangun* (Saekbulru) to the 43rd *dangun* (Mulli)	Samjoseon ["Three Joseon States"]	
Third Dynasty	Jangdanggyeong Asadal (Gaewon) Era: 44th *dangun* (Gumul) to the 47th *dangun* (Goyeolga)	Daebuyeo	188 Years
			2096 Years

결론

인류 창세문화를 되찾자! 태일이 되자!

우리 역사의 9천년 역사 발전과정이라는 것이 3·3·3의 구성 원리로 흘러서 오늘의 분단 역사시대까지 왔습니다. 우리 조상들은 우주의 중심수인 삼수문화, 우주창조원리의 바탕인 삼신문화의 주인임을 깨닫고 생활화하였습니다.

하늘의 조화신의 신성을 생활화한 것이 '환국'이고, 그다음에 어머니 땅의 광명, 어머니가 가정살림을 하면서 생활문화를 주관하듯이 인간 생활문화의 도구 등을 다 드러낸 것이 바로 교화신 신성문화시대인 '배달국'입니다. 그리고 단군왕검 시대는 천지광명을 체득해서 살았던 것입니다.

『환단고기』는 하늘광명 '환'과 땅광명 '단'을 얘기합니다. 이 천지광명을 체험하며 살아온 우리 조상들의 역사 이야기가 『환단고기』입니다. 만물의 존재 근거인 삼신의 신성과 광명과 지혜를 체득해서 나라를 열고 그것을 기록한 문서가 바로 『환단고기』입니다. 『환단고기』를 누구도 알아들을 수 있도록 쉬운 말로 정의할 수 있다면 『환단고기』를 제대로 아는 사람이라고 할 수 있겠습니다.

Conclusion

Let's Rediscover the Foundational Culture of Humanity! Let's Become Taeil!

The nine-thousand-year development process of our history, being based on the threefold structural principle, has continued into today's historical era. We lived with the understanding that we were the masters of the culture of three, the central number of the universe—masters of the Samsin culture of three that became the basis of God's fundamental spirit of cosmic creation.

Hwanguk was the living realization of the God of Creation-Transformation's divinity, after which Baedal was the living realization of Mother Earth's radiance. Just as the mother oversees the culture of daily life through housekeeping, so too did the tools of human lifestyles and culture all emerge in Baedal, the cultural era of the God of Edification's divinity. And the Dangun Wanggeom period was an era in which we learned, through experience, the cosmic radiance of heaven and earth.

Hwandan Gogi speaks of the cosmic radiance of the heavens as '*hwan*' and of the cosmic radiance of the earth as '*dan*.' Our ancestors lived with the experience of this cosmic radiance of heaven and earth, and *Hwandan Gogi* is the story of their history. *Hwandan Gogi* is the very text that records how the country was established based on the cosmic radiance and wisdom of Samsin, the existential foundation of all things. Someone who can define *Hwandan Gogi* in simple terms that anyone can understand can be said to fully understand *Hwandan Gogi*.

근대사의 중심 주제 '개벽'

우리는 지금 아홉 번째의 극極에 와서 '일적십거一積十鉅' 섭리에 따라 열 번째 나라가 열리려고 하는 경계에 와 있습니다. 지금 북쪽의 실상을 보면 모든 것이 거반 다 무너져서 핵무기 하나 들이대면서 최근 한두 달 전에도 "앞으로 3년 내에 무력통일을 한다." 이렇게 말하고 있습니다.

19세기 후반의 개벽문화를 알게 되면, '앞으로 한반도의 역사전쟁에서 어떻게 해야 우리가 진실로 생존할 수 있는가?' 한국의 미래와 비전에 대해서 생각하게 됩니다.

이제는 우리가 개벽을 알아야 고대사의 진실과 그 역사의 힘을 제대로 느낄 수 있습니다. 또 역설적으로 고대 역사의 엄청난 왜곡, 고대 역사의 진실을 제대로 알 때 근대 역사의 중심 주제인 개벽을 제대로 해석을 할 수 있다고 말할 수 있습니다.

고대사가 완전히 뿌리가 뽑히고 근본이 무너져 있기 때문에, 그 악업으로 근대 역사 또한 완전히 조작되어 있고 왜곡되어 있습니다. 지금 진정한 대한의 문화와 역사, 그 참모습을 아는, 동방 문화와 역사의 실상을 알 수 있는 새로운 제3의 대한사관이 나오고 있는데 이것은 누가 만들어 낸 것이 아닙니다. 6세기에 도승 안함로가 『삼성기』를 쓴 이래 약 1,500년이 지나 이제 지구촌 형제들에게 제대로 소개되는 『환단고기』 완역본 출간을 계기로 동방 한민족은 물론이요, 전 지구촌 문명권의 시원역사와 원형문화 전모를 드디어 맛보게 되었습니다.

오늘 말씀을 마무리하면서, 미국에서 활동하고 있는 이홍범 박사를 소개하겠습니다. 이홍범 박사가 인하대에서 세미나를 할 때, 대전에 찾아오셔서 한번 만났습니다. 지난달 미국 엘에이에서 『환단고기』 북콘서트를 할 때 그분이 와서 축사도 해주신 분입니다. 그분이 이렇게 말씀하셨습니다. "미국의 대학교수들도 진리를 모른다." 삼신을 바탕으로 한 삼수 사상 같

'Gaebyeok' – the Central Theme of Modern History

We have now come to the culmination of the ninth stage, and thus, according to the logic of 'one accumulating into ten,' we have reached the beginning of the tenth country. Looking now at the reality in North Korea, we see that everything has collapsed and nuclear weapons have been brought to the table. Even a month or two ago they said they will attain reunification by force within the next three years.

When one looks at the *gaebyeok* culture of the late nineteenth century, we can perceive a vision of Korea's future regarding the question, "How can we truly survive the historical war on the Korean Peninsula?"

Now, we must understand *gaebyeok* in order to fully feel the force and truth of ancient history. Also, paradoxically, one could say that when we fully understand the extreme distortions of ancient history and also its truth, we can properly analyze the *gaebyeok* of modern history.

In conclusion, the roots of ancient history have been ripped out, and its foundation has been destroyed. The result of this evil work is that modern history, too, has been utterly manipulated and distorted.

However, a new, third Daehansagwan ["Great Korean Historical Perspective"] has now emerged that understands the truth of Eastern history and culture, and knows its true form—the true culture and history of Korea. But this isn't something that someone created. Approximately 1,500 years passed between when the enlightened priest Anhamro wrote *Samseong Gi I* in the sixth century and the first complete translation of *Hwandan Gogi* was published. It has now been properly introduced to our siblings around the world, allowing them to finally experience the full account of the original history and archetypal culture of not only the Korean people of the East, but of the entire global civilization.

Now, to conclude today's talk, I would like to tell you about Dr. Hong-beom Rhee, a professor who works in the United States. When Dr. Rhee was holding a seminar at Inha University, he came to Dae-

은 우주관을 모른다는 것입니다. 수천 명 데려다 놓고 다 재교육을 시켜야 된다고 합니다. 그때 저녁 만찬을 마치고 나와서 밤 열 시 엘에이 하늘을 보면서 그 양반이 내 곁에 함께 걸으면서 그런 얘기를 했습니다. 나이가 60이 넘었는데 지금으로부터 6년 전에 『아시아 이상주의』라고 하는 책을 냈습니다. 이 책 내용이 뭐냐면, "지금까지 중국 문명이 동방의 한국을 다스리고 역사도 다 지배한 것처럼 되어 있는데, 그게 아니다. 오히려 중국의 문명, 역사라는 것이, 그 통치자들이 얼마 전까지도 동북아의 동방 한국문화에서 나간 것이다. 그래서 중국 역사서의 내용을 이 책에 다 정리해서 동북아 역사의 진실을 이야기한다."라는 것입니다. 그 책에 놀라운 내용들이 참 많습니다.

『아시아 이상주의』(2007년)
이홍범 지음
***Asian Millenarianism* (2007) |**
Written by Hong-beom Rhee

동학의 '시천주'

지금 지구촌 동서의 라이벌인 미국과 중국이 한판 승부를 벌이고 있는데 그 중심축이 개벽의 땅 한반도입니다. 19세기 후반 동학東學이 한반도 땅에서 출현하여 하나님 문화가 새로운 역사시대를 연다는 것을 선언했습니다. 때문에 동학이 인류 근대사의 진정한 출발점, 실제적인 출발점이 되는 것입니다.

동학의 교조 되는 최수운 대신사가 1860년 음력 4월 5일 하나님과 문답을 나눈 천상문답 사건이 있었습니다. 이것이 『동경대전東經大全』에 기록되어 있습니다. 이 사건의 기록에 앞서서 『동경대전』 첫 문장에 '천주天主'라는 말이 나옵니다. '천지의 비바람 등 모든 자연현상이 천주의 조화의 자취

jeon and we met. He gave an address at the Hwandan Gogi Book Concert in LA. He had this to say: "The university professors of the United States do not know the truth." This was to say that they do not know the cosmic perspective or related truths. Thousands of people need to be re-educated. This noble man told me this after dinner that evening, while we walked together outside and gazed at the ten PM Los Angeles sky. He was over sixty years old, but six years ago, he released a book called *Asian Millenarianism*. The book can be summarized as follows: 'To this day, it is conventional wisdom that Chinese civilization dominated the history of the East and ruled Korea—but that isn't right. Since long, long ago, China's civilization, its history, and its rulers all emerged—even until not that long ago—from the eastern Korean culture of Northeast Asia. Therefore, this book surveys all Chinese historical documents and relates the true history of Northeast Asia.' It truly has much astonishing content.

The Sicheonju of Donghak

Now, the global rivals of the East and West—China and America—are in a contest, and the central axis is the land of *gaebyeok*: the Korean Peninsula. In the late nineteenth century, Donghak ["Eastern Learning"] was born on the Korean Peninsula, and Donghak declared that the culture of God was opening a new historical era. Therefore, Donghak became the true starting point—the actual starting point—of the modern history of humanity.

What I am referring to specifically is the event on April 5, 1860 of the lunar calendar when the Sacred Venerable Choe Su-un, the founder of Donghak, had an audience with God, during which Su-un asked questions and received answers. The term Cheonju ["Lord of Heaven"] appears in the first sentence of *Donggyeong Daejeon*, before the record of this incident. This sentence says, "People of this world forget that all natural phenomena in heaven and earth—for instance, the wind

인 것을 이 세상 사람들이 모른다.'고 말합니다. 즉 '천주의 조화자취인 것을 모른다.'는 것입니다. 여기서 천주라는 말을 쓰고 있습니다. 그런데 그 천주가 누구인가 하면, 바로 상제님이라는 것입니다. 4월 5일 그날 최수운에게 천주님의 성령이 임하여 "세상 사람들이 나를 상제라 이르거늘 너는 상제를 알지 못하느냐!"라고 하십니다.

그러고서 상제님으로부터 도통을 받으면서 "내가 너에게 시천주侍天主 조화정造化定 영세불망永世不忘 만사지萬事知 주문을 준다." "이 천상의 주문으로 세상 사람들을 가르쳐라."라는 말씀을 받습니다. 이것이 동학의 시작입니다.

최수운 대신사(1824~1864)
Sacred Venerable Choe Su-un

최수운이 상제님께 도통을 받은 후
받아 내린 주문

시 천 주 조 화 정 영 세 불 망 만 사 지
侍天主 造化定 永世不忘萬事知

개 자 상 고 이 래 춘 추 질 대 사 시 성 쇠 불 천 불 역
蓋自上古以來, 春秋迭代, 四時盛衰, 不遷不易,
시 역 천 주 조 화 지 적 소 연 우 천 하 야
是亦天主造化之迹, 昭然于天下地.

저 옛적부터 봄과 가을이 갈마들고 사시가 번성하고 쇠퇴함이 옮기지도 아니하고 바뀌지도 아니하니 이 또한 천주님의 조화의 자취가 천하에 뚜렷이 드러난 것이다. (『동경대전』「포덕문」)

and the rain—are traces of the Lord of Heaven's power of creation-transformation." In other words, it is saying that people are unaware that these are traces of the Lord of Heaven's power of creation-transformation. Here, the term "Lord of Heaven" is used. However, as to the question of this Lord of Heaven's identity, he is actually Sangjenim. On that day, April 5, Choe Su-un was appointed by the holy spirit of the Lord of Heaven, who said, "I am the one whom people call Sangje—why do you not know Sangje?"

Thus, Choe Su-un received enlightenment from Sangjenim, who said, "I will teach you this mantra: *Si-cheon-ju Jo-hwa-jeong Yeong-se-bul-mang-man-sa-ji*" ["Serving the Lord of Heaven who determines the destiny of the Immortal Paradise of Creation-Transformation, I will never forget, throughout all eternity, his infinite grace of bestowing enlightenment into all matters"]. Sangjenim added, "Teach the people of the world this mantra of heaven above." This marked the beginning of Donghak.

> The mantra Sangjenim bestowed upon
> Choe Su-un after granting him enlightenment:
> *Si-cheon-ju Jo-hwa-jeong Yeong-se-bul-mang-man-sa-ji.*
> ["Serving the Lord of Heaven who determines the destiny of the Immortal Paradise of Creation-Transformation, I will never forget, throughout all eternity, his infinite grace of bestowing enlightenment into all matters."]

> "Clear evidence of the Lord of Heaven's power of creation-transformation on earth can be found in the unceasing alternation of spring and autumn and in the four seasons' unchangeable and irreversible cycle of prosperity and decline."
> - "Podeokmun," *Donggyeong Daejeon*

동학의 인류사 새 시대 선언 왜곡

시천주侍天主 → 인내천人乃天
(천주를 모신다) (사람이 하늘이다)

한마디로 근대 역사의 출발점인 동학의 결론은 바로 우리 민족이 9천 여 년 동안 섬겨온 우주의 통치자 하나님이신 삼신상제님이 동방의 땅에 역사 속의 인간으로 오신다는 것입니다. 그것을 이 양반이 쓴 것입니다. 최수운이 받아 내린 주문의 '시천주'는 '장차 인간으로 오시는 천주님을 받들어 모시라'는 것입니다.

그런데 이 한 소식이 왜곡이 되어서 시천주가 '인내천人乃天'이 되어버렸습니다. '사람이 하늘이다', 이것은 근본이 아주 잘못된 것입니다.

모든 지구촌 인류가 그동안 섬겨왔던 '천지의 주인인 천주'를 모신다는 교조 최수운의 가르침을 그대로 지켜야 할 것 아닙니까. 그런데 왜 근대 역사의 첫 번째 문화 주제를 왜곡하는 것입니까?

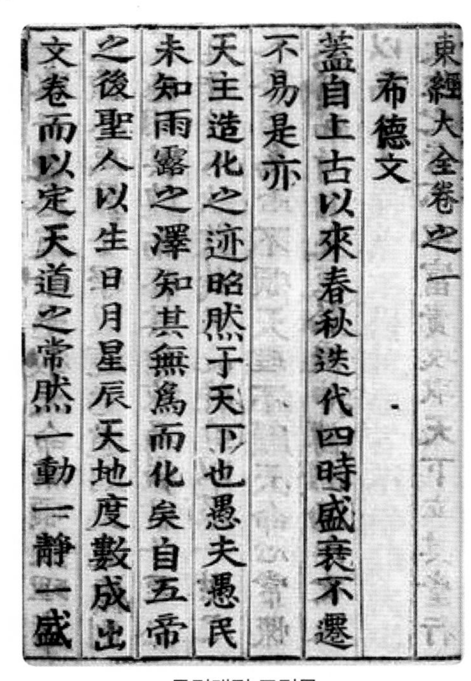
東經大全卷之一
布德文
蓋自上古以來春秋迭代四時盛衰不遷
不易是亦
天主造化之迹昭然于天下也愚夫愚民
未知雨露之澤知其無爲而化矣自五帝
之後聖人以生日月星辰天地度數成出
文卷而以定天道之常然一動一靜一盛

동경대전 포덕문
"Podeokmun," *Donggyeong Daejeon*

태일과 태을주

오늘은 우리 한민족의 원 문화의 핵이자 인류 원형문화의 근원인 우주론을 바탕으로 해서 성립한 신관, 하나님관, 인간론, 역사관, 다시 말해서 대한사관의 관점에서 우리 9천 년 역사의 국통맥을 살펴봤습니다.

The Distortion of Donghak's Proclamation of a New Era in Human History

Sicheonju → Innaecheon

["Serving the Lord of Heaven"] ["Humanity is Heaven"]

In short, the ultimate message of Donghak, the starting point of modern history, was actually that Samsin Sangjenim, God and Ruler of the Cosmos who our people have worshipped for more than nine thousand years, incarnated into this Eastern land. This was what Choe Su-un wrote in that text. The message "serve the Lord of Heaven" in the mantra received by Choe Su-un meant 'serve the Lord of Heaven who will come as a human being in the future.'

But this message was distorted to the extent that the central message of Donghak, 'Sicheonju,' became 'Innaecheon': "Humanity is heaven." This was a fundamental mistake.

In the meantime, we have failed to adhere to Master Choe Su-un's teaching that all humans throughout the world must serve the "Lord of Heaven, master of heaven and earth." But why has the primary cultural theme of modern history been distorted?

Taeil and the Taeeulju Mantra

Today, we have examined the dynastic legacy of our history of nine thousand years based on the spiritual outlook, theological perspective, theory of humanity, and historical perspective—the Daehansagwan, or "Great Korean Historical Perspective"—that made up the core of our original culture and served as the origin of the archetypal human culture founded on cosmology.

Based upon this culture of nine thousand years, we can summarize the true and singular purpose of human life: to become one mind with heaven and earth, the great father and mother of all things, who gave birth to and raised human beings; to become a mature human

한마디로 9천 년 문화를 구성한 인간의 삶의 참된 유일한 목적은 인간을 낳아주고 기른 만유생명의 큰 부모인 천지와 한마음이 되는 것, 천지부모와 한 생명, 한마음으로 사는 성숙한 인간, 태일太一이 되는 것입니다. 이 태일의 삶을 살지 않으면 새로운 역사시대가 열리는 이 개벽기에 영원한 어둠에 빠지는 죽음의 존재로 삶을 마무리하고 말게 됩니다.

> **9천년 동방 한국의 문화와 역사가 깨우쳐 주는 인간 삶의 목적**
> 만유생명의 큰 부모인 천지와 한마음으로 사는 성숙한 인간
> '태일太一'이 되는 것

그래서 모든 인간이 태일이 될 수 있는 열쇠가 바로 참동학에서 전해준 태을주太乙呪입니다. 태을주는 9천 년 우주광명문화, 영성문화의 진리 열매이기 때문입니다.

태을주太乙呪

吽哆 吽哆 太乙天 上元君 吽哩哆哪都來 吽哩喊哩娑婆訶
(훔치 훔치 태을천 상원군 훔리치야도래 훔리함리사파하)

태을주를 읽으면, 누구도 천지부모와 한마음이 될 수 있는 심법이 열립니다. 삼신의 영원한 불멸의 생명을 내려주는 우주의 노래, 천지조화의 노래가 태을주입니다.

인류의 마음 문화, 영성 문화, 제사 문화에 보면, 예전에는 주문을 통해서 모든 것을 성취했던 시대가 있었습니다. 『해리포터』에 나오는 주문도 모두 주문문화에서 유래된 것입니다.

who lives as one with the life force and mind of the father and mother of heaven and earth—a 'Taeil' ["Ultimate One"]. One who does not live the life of a Taeil will ultimately descend into eternal darkness and perish during the age of *gaebyeok*, when a new historical era will dawn.

> According to the nine-thousand-year culture and history of Korea in the East, the goal of human life is: becoming a 'Taeil' ["Ultimate One"] —a mature human who attains one mind with heaven and earth, the parents of all creation and life.

Therefore, the key for all humans to become a Taeil is none other than the Taeeulju Mantra imparted by the True Donghak. This is so because the Taeeulju Mantra is the fruit of truth born of the nine-thousand-year spiritual culture, the culture of cosmic radiance.

The Taeeulju Mantra

Hoom-chi

Tae-eul-cheon Sang-won-gun Hoom-ri-chi-ya-do-rae
Hoom-ri-ham-ri-sa-pa-ha

Hoom-chi

The Taeeulju Mantra is the song of heaven and earth's creation-transformation that enables access to the dharma to attain one mind with heaven and earth and the eternal, immortal life force of Samsin.

An examination of humanity's culture of the mind, as well as its spiritual and offering ritual culture, shows that there was once a period when all things were attained through mantras. The magic spells of Harry Potter were entirely based on the culture of mantras.

이제, 동방원형문화의 무궁한 정신문화, 즉 마음의 조화 문화를 활짝 열려서, 어서 근대역사의 주제인 개벽을 제대로 체득하여야 합니다. 9천 년 역사와 문화를 부정하는 저들은 우리가 영원히 역사의 고향으로 가지 못하도록 왜곡된 역사의 발목을 묶고 있으나, 이제 우리는 모두 함께 이 결박을 힘차게 풀어야 합니다.

그들이 광명을 앞에서 막고, 천지 어머니에게 가는 영성의 문을 차단시켜 놨으나, 우리는 이제 그 빗장을 활짝 걷고 가을 신천지 우주 광명의 새 역사로 다 함께 손을 잡고 힘차게 광복의 문을 활짝 열려고 합니다.

오늘 우리가 역사광복, 진정한 한민족 9천 년 역사, 인류 창세문화, 한민족의 원형문화의 참모습을 찾는 여정에 다 함께 한마음이 되어서 앞으로 전진할 것을 축원하면서, 오늘 말씀을 여기서 마무리 짓기로 하겠습니다. 감사합니다.

We must fully access the culture of the inexhaustible human spirituality contained within the archetypal culture of the East—the culture of the mind's creation-transformation—and fully grasp *gaebyeok*, the main theme of modern history. Though those who deny our history and culture of nine thousand years attempt to bind our ankles together with distortions of history and prevent us from advancing to our eternal historic birthplace, we must vigorously remove these bonds.

Though they stand in the way of cosmic radiance and have barred the spiritual door to heaven and earth, the Mother and Father, we must now all fling aside that bar, join hands, and vigorously push open this door of liberation leading to the new history of cosmic autumn radiance.

I will complete today's discussion here by expressing the hope that we can all move forward together with one mind in the effort to achieve historical liberation and rediscover the nine-thousand-year history of Korea, the original culture of humanity, and the true form of the Korean people's archetypal culture. Thank you.

동방 한국사의 올바른 국통맥

- **삼성조 시대** 9221년 전 — **환국** (BCE 7197~BCE 3897) 7대 환인 : 3301년간(조화시대)
- 5921년 전 — **배달** (BCE 3897~BCE 2333) 18대 환웅 : 1565년간(교화시대)
- 4357년 전 — **조선** (BCE 2333~BCE 238) 47대 단군 : 2096년간(치화시대)
- **열국 시대** 2263년 전 — **북부여** (BCE 239~BCE 58)
  - 동부여 (BCE 86~CE 494)
  - 남삼한 (BCE 194~CE 8)
  - 최씨낙랑국 (BCE 195~CE 37)
  - 동옥저 (BCE 56~?)
  - 동예 (?~CE 245)
- **사국 시대** 2082년 전 — **고구려** (BCE 58~CE 668)
  - 백제 (BCE 18~CE 660)
  - 신라 (BCE 57~CE 668)
  - 가야 (CE 42~532)

BCE / CE

- **남북국 시대** 1356년 전 — **대진(발해)** (668~926)
  - 후신라(통일신라) (668~935)
- 1106년 전 — **고려** (918~1392)
- 632년 전 — **조선** (1392~1910)
- 105년 전 — **임시정부** (1919~1945)
- **남북분단 시대** — **대한민국** (1948)
  - 조선민주주의인민공화국(1948~)

2024년 기준

지구촌 통일문화 시대
후천 가을개벽 후 **천지 광명 문화 시대**

Chronology of Korean States and Dynasties

The Three Sacred Nations — **Hwanguk** (7197-3897 BCE)

Baedal (3897-2333 BCE)

Joseon (2333- 238 BCE)

The Several States Period — **North Buyeo** (239-58 BCE)

- **East Buyeo** (86 BCE - 494 CE)
- **Samhan** (194 BCE - 8 CE)
- **Nangnang Kingdom** (195 BCE - 37 CE)
- **Okjeo or East Okjeo** (56-? BCE)
- **Dong-ye** (?-245 CE)

The Four Kingdoms — **Goguryeo** (58 BCE - 668 CE)

- **Baekje** (18 BCE - 660 CE)
- **Silla** (57 BCE - 668 CE)
- **Gaya** (42-532 CE)

BCE / CE

The North and South Kingdoms — **Daejin (Balhae)** (668-926)

- **Later Silla (Unified Silla)** (668-935)

Goryeo Dynasty (918-1392)

Joseon Dynasty (1392-1910)

Provisional Government of the Republic of Korea (1919-1945)

The South-North Division — **Republic of Korea** (1948-)

- **Democratic People's Republic of Korea** (1948-)

The Age of Global Unification

The Age of Heaven and Earth's Resplendence Following the Autumn Gaebyeok